アレクサンドリア

E. M. フォースター
中野康司 訳

筑摩書房

Edward Morgan Forster:
ALEXANDRIA:
A HISTORY AND A GUIDE
First published in 1922

目次

第二章　キリスト教時代

アレクサンドリア

G・H・L・へ

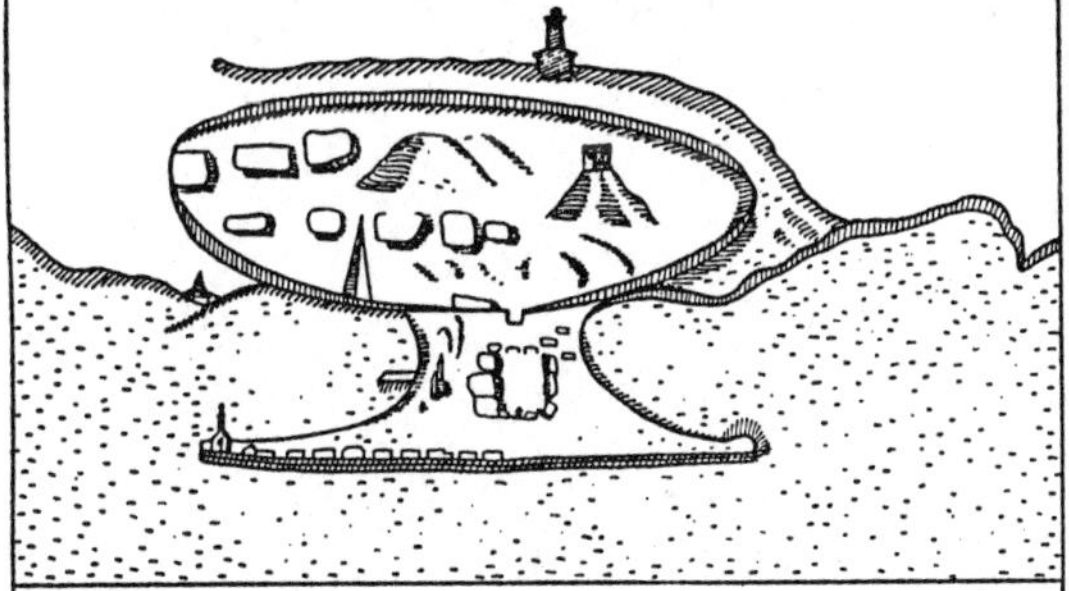

Vue d'Alexandrie extraite du

IOVRNAL

DES VOYAGES

DE MONSIEVR

DE MONCONYS

LYON MDCLXV

一九六一年版の序

この小著にはすでにふたつの版がある。これで三度目のお目見えとなるが、ここにこの小著をめぐる、ちょっとばかり込み入ったいきさつをご披露する機会を与えられた。

初版（本書はこれを復刊したものである）の草稿は、第一次世界大戦中、私が国際赤十字の仕事に志願してアレクサンドリアに駐在していたときに書かれた。一九一五年の秋に、私はちょっぴり英雄気取りでかの地へ乗り込んだ。折しもトルコ軍の侵攻が迫っていたときで、非戦闘員である私もいつ戦線に身を置くことになるやもしれなかった。しかしその危険が去ると、私の気分も変わった。それまでは前哨基地のように思えていた同じ場所が、なぜか安全な防空壕のように見えはじめ、私はそれから三年以上ものあいだ、病院の訪問や、情報の収集や、報告書の執筆などをしながらアレクサンドリアにへばりついていた。「きさまは蛭みたいな野郎だな」と、赤十字社の憎たらしい大佐が口ぎたなく私に言ったことがある。たしかに言われるとおりだった。しかし、世界をつくるにはこうしてへばりついたりよじ登ったりする人間が必要なのだとは、あえて抗弁しなかった。

私も将校服のようなものを身につけていたが、ときどきは制服を脱ぐことを許され、こうした休暇を利用して、私はしだいにアレクサンドリアの魅惑と古代文化とその複雑さを理解するようになり、この町について一文したためたいと思うようになった。旅行案内書のことが自然と頭に浮かんだ。私はかねてより旅行案内書――とりわけ初期のベデカーとマリーの旅行案内書[1]――を尊敬していたし、また、「まえがき」（本訳書では割愛）で述べたような方法で町の歴史も書いてみたいと考えた。友人たちの励ましもあった。すでにレバント地方の生活にだいぶ溶け込んでいた私には、イギリス人、ギリシャ人、アメリカ人、フランス人、イタリア人、ノルウェー人、シリア人、エジプト人などの友人がいた。電車や徒歩で市内を散策しながら、あるいは美しい海で水浴を楽しみながら、私はいろいろな空想に耽った。たとえば、カイト・ベイ城塞の高さを四倍にして、かつてその同じ場所に立っていたファロス大灯台を思い描いた。

ふたつの大通りの交差点では、アレクサンドロス大王の霊廟がそびえるさまを想像した。そしてアレクサンドロスとともに、彼が神の子として迎えられたシーワ・オアシスのアメン神殿へと赴き、あるいはまた、ヒュパティアを殺害せんとうずうずしている修道士たちがたむろする荒涼たるワディ・ナトルーンへと思いを馳せた。

草稿は順調にできあがった。しかし、どうやって出版したらよいのだろうか。

私はすばらしい幸運に恵まれた。シャリフ・パシャ通り(もし名称が変わっていなければ)[2]に、あまり目立たない店がある、いや、あった。文房具類を売っていたが、じつはその店は、ロンドンのタワー・ヒルに本社をもつ著名な印刷会社、ホワイトヘッド・モリス社のアレクサンドリア支店だった。支店長のマン氏が私の計画を聞きつけ、本業とは離れていたが興味を示してくれた。そして、何度も延期されたり意見の食い違いなどもあったりしたけれど、ともかく、戦争が終わって私がイギリスに帰ったのち、一九二二年にめでたく出版された。

出版後まもなくして、不幸な事態が生じた。倉庫が火事にあい、在庫本のほとんどが焼失したのである。それゆえ、この一九二二年版には現在めったにお目にかかれな

い。(3)

悲しい挫折だった。そして数年後、南アフリカからの帰途私はアレクサンドリアに立ち寄り、新しい鉄道駅に降り立ったが、うそではなく道に迷ってしまった。当地の案内書の著者として、なんたる屈辱であろう！　自分の町の道もわからなくなってしまったのだ。新版を出す必要があると私は思った。ただし、そんな需要があったわけではなく、また、改訂の仕事を引き受けることは私にはできなかった。しかし、ひとつだけアレクサンドリアは変わっていなかった。自分の仕事を投げ出してでも他人のために一肌脱ごうという友人たちが、町には健在だった。彼らは本書に触れられているすべての場所と物を訪ね、「案内」（本訳書では割愛）の部を改訂し、「歴史」の部のひどい間違いを訂正してくれた。この改訂版は、再びホワイトヘッド・モリス社のアレクサンドリア支店の援助を得て、一九三八年に出版された。翌年に第二次世界大戦が勃発したためと思われるが、売れゆきは芳しくなかった。したがってこの版もいまでは珍本である。例の友人たちが、地方版を出すよう勧めてくれたことがある。そのとき彼らは、何箇所か書き換えないと、エジプト人の国民感情を害するおそれがあると忠告してくれた。そのとおりだと私も思った。国民感情というものは、ともかく傷つきやすいものだ。傷つかない町はただひとつ、アレクサンドリアあるのみであり、この町はその二千年の歴史において、かつて一度も国民感情なるものを深刻に受けとめたことはない。

そして私は、カヴァフィスのことを思い出す。この頃の私の喜びのひとつは、その愛する町アレクサンドリアの文明を激しく歌うギリシャの大詩人と親交を結んだことだった。C・P・カヴァフィスは、当時はまだそれほど著名ではなく、われわれの友人ヨルゴス・ヴァラッソープロスによる「神はアントニウスを見棄てたまふ」の翻訳（本訳書一七六～七頁）が、最初の英訳だった。彼の詩はその後大半が翻訳され、たとえばもうひとりのアレクサンドリア礼賛者ロレンス・ダレルなどによって、広く称賛された。私はこの小著の第二版を、他界したカヴァフィスに捧げた。初版のほうは、私を助けてくれた多くの友人たちのひとりG・H・ルドルフに捧げられた。

本書はホワイトヘッド・モリス社の代理人ウォルター・アンド・ホワイトヘッド社の好意により出版の運びとなったものである。

最後に、私がアレクサンドリアに捧げた文章は本書だけではない。エッセイ集『フアロスとファリヨン』が、アメリカ版はクノップ社から、イギリス版はホガース・プレス社から一九二三年に出版されている。

一九六〇年、イギリス、ケンブリッジにて

E・M・フォースター

早朝にアレクサンドリアの町に詣でてみるがよい。神は汝に黄金の宝冠を授けることだろう。真珠をちりばめられ、麝香《じゃこう》と楠の芳香に満たされ、東方より西方へと輝きわたる黄金の宝冠を。

イブン・ドクマーク

いかなるものを見るにせよ、まず、見るものである目が、見られるものと同類のものにならなくてはならない。

プロティノス

ファロス大灯台(カイト・ベイ城塞)
ファロスのイシス神殿
地中海
大港
現在の海岸線
ロキアス岬(シルシラ)
イシス神殿
王家専用港
ヘプタスタディオン堤防
島離宮
アンティロドス島
宮殿
(ムハンマド・アリー)
クレオパトラの針
王宮地区
聖カタリナ修道院
カエサレウム
劇場
(シャトビィ)
聖マルコ教会
聖アタナシウス教会
競馬場
ユダヤ人街
カノポス通り
(アラブ城壁)
ムーセイオン地区
ソーマ
(ロゼッタ通り)
図書館
太陽門
ポンペイウス廟
(811年のアラブ城壁)
パン公園
(ロゼッタ門)
カノポスへ
ラコティス
ソーマ通り
(ナビー・ダニエル通り)
運河
競馬場
東共同基地
湖の港
紀元前311年の城壁(推定)
カノポスとナイルへ
(マリュート湖)

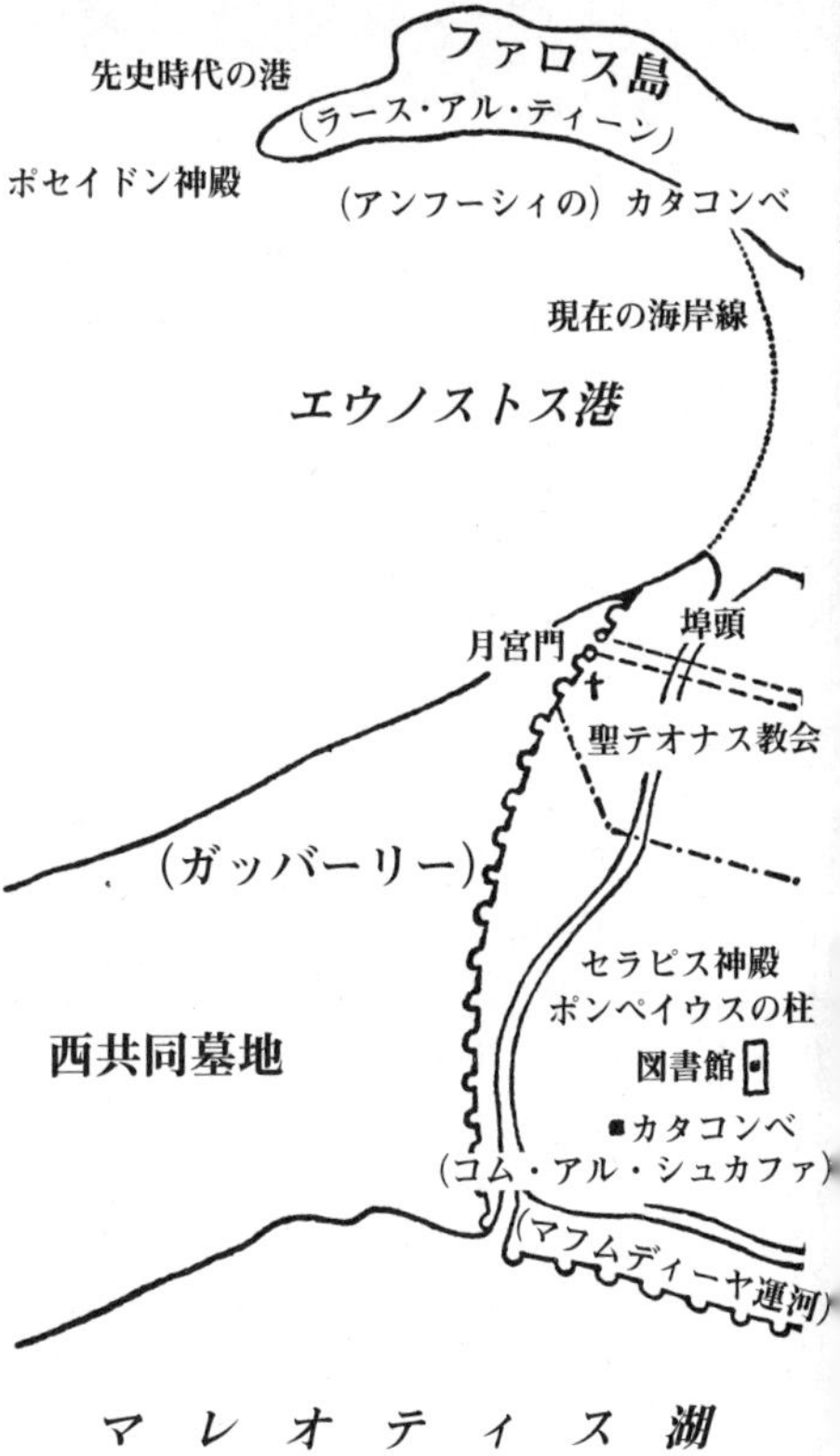

ALEXANDRIA
HISTORICAL MAP

アレクサンドリア歴史地図

※(　　) 内は現在の地名

第一章　ギリシャ・エジプト時代

陸と水

アレクサンドリアは世にも珍しい地形をしており、これを理解するには数千年の昔に遡らなくてはならない。

遠い昔、まだエジプトの地に文明が訪れず、ナイル河のデルタ地帯も生まれていなかったころ、南はカイロに至るまでの全土が海の底にあった。海岸一帯は荒涼たる石灰岩におおわれていた。海岸線はなだらかだったが、北西端に石灰岩層の巨大な支脈が突出し、幅はせいぜい一マイルだが、長さは数マイルに及び、現在のバヒーグ付近を起点とし、ちょうど中間に位置するアレクサンドリアを通り、アブキール岬まで続いていた。まわりはまだ深い海だった。

数世紀が過ぎ、カイロの北で海へと流れこむナイル河は上《かみ》エジプトの泥を運びつづけ、流れが緩慢になるたびに泥が置き去りにされた。泥は北西端で石灰岩の支脈に行く手を阻まれ、しだいに泥の堆積が始まった。支脈は外海と強風から泥を守り、かくして沖積地が生まれ、浅く巨大なマレオティス湖が生まれた。石灰岩の壁に行く手を阻まれたナイル河はアブキール岬へと迂回し、有史時代に「カノポス河口」と呼ばれるようになるあたりで海へと流れこんだ。

アレクサンドリア独特の地形、すなわち北は海、南は湖、そのあいだに細長く隆起した土地は、こうして生まれた。しかし、アレクサンドリアになぜ港ができたのかについては、まだ説明がついていない。

支脈の北に、これとほとんど平行して第二の石灰岩の隆起帯が走っている。支脈よりずっと短くかつ低く、しばしば岩礁のごとく海面下に没している。一見無用の代物と見えるかもしれないが、波の力を弱めてくれるこの隆起帯がなければ、港も、そして当然町も生まれなかったであろう。この隆起帯はアガミーに始まり、岩礁の連なりとなって現在の西港の入口を横断し、再び姿を現わして金槌状のラース・アル・ティーン岬を形づくり、再び岩礁となって東港の入口をふさぎ、シルシラ岬で最後の姿を現わしたのち大支脈と合流する。

以上が、アレクサンドリアのおもな地理的特徴であり、すなわち北に港、南に沖積地を擁する石灰岩の隆起帯である。これはエジプトではきわめて特異な地形であり、ために、アレクサンドリア人はかつて一度もほんとうにエジプト人であったことはない。

ファロス、ラコティス、カノポス

このすばらしい海岸に最初に住みついたのは何者だろうか。中心地は三箇所あったようだ。

(1) ホメロスの『オデュッセイア』第四巻にこう書かれている。

エジプトの沖合いに、ファロス島と呼ばれる島がある。島には舟泊りにちょうどよい入江があり、ゆっくりと水を汲んでから船出することができる。

ホメロスの言う島とは現在のラース・アル・ティーン岬であり、あいだの海峡は泥でふさがれた。これ以前にこの地に人が住みついていた形跡は見られないが、北西の海中で、先史時代の港の石造物が発見されている。つづけてホメロスは、トロイアからの帰途メネラオス(4)が凪ぎのためにファロス島で足どめをくい、島の聖なる王(海の老人、海の支配者)プロテウスを捕え、追い風をせがんでやっと出発した次第を語っている。同様の伝説は古代エジプトのパピルス古文書にも見られ、そこでは島の王はプラウティとかファラオとか呼ばれている。おそらく、プラウティはホメロスのプロテウスの、そしてファラオはファロスのそれぞれ原型と思われる。われわれがこの海岸に最初の一瞥をくれるにあたり、航海中のギリシャ人の目を借りたというのは興味深い。

(2) しかし、歴史的調査はラコティスから始めなくてはならない。ラコティスは、現在「ポンペイウスの柱」が立つ丘にあったエジプト人の小さな村で、紀元前一三〇〇年頃から存在していた。その時代の彫像がここで発見されている。沿岸警備兵や山羊飼いたちが住み、オシリス神を崇拝していた。ラコティス自体は取るに足らぬ村ではあるが、しかしここを中心としてギリシャ人の大都市が建設され、その一部となったという意味においてきわめて重要である。ラコティスはいわばエジプトの小さな瘤であった。現代の都市計画を進めるにあたって無視するわけにはいかないアラブの村々やスラム街、すなわちマザリタやコム・アル・ディッカなどと比較してみるとよい。ラコティスはまさにこうした村であった。土着的な風俗習慣は当然この地に集中したため、ラコティスはアレクサンドリアの宗教的大事業、すなわちセラピス信仰普及の拠点となった。

(3)　大昔に人間が住みついていたと思われるもうひとつの場所は、石灰岩の隆起帯の先端部分であり、ナイル河はかつてはここから海へと流れこんでいた。これはギリシャ伝説にも現われ、有史時代に入ってからはカノポスと呼ばれるようになった。

アレクサンドロス大王（前三三二）

アレクサンドリアほど華々しく歴史に登場する都市も珍しい。すなわちアレクサンドロス大王によって建設されたのである。

アレクサンドロス大王がはじめてこの地を踏んだのは、弱冠二十五歳のときであった。その足跡を簡単に振り返っておこう。マケドニア人であるアレクサンドロスは、まず古代ギリシャの都市文明を破壊することから始めた。[5] しかしギリシャ人を憎んでいたわけではなく、むしろこれをすこぶる敬愛し、自分もギリシャ人として扱われることを望んだ。つづいてギリシャの不倶《ふぐ》戴天《たいてん》の敵ペルシャを討つべく東征の途につき、ダーダネルス海峡と小アジアの二大会戦においてこれを破った。シリアを征服すると、たちまちエジプトも手中に落ちた。エジプト人もまたペルシャを憎んでいたゆえ、むしろ進んで落ちたと言ってよい。大王はメンフィス[6]に赴いたのち、ナイル河を河口まで下り、そこでラコティス村を中心とした一大ギリシャ都市を建設するよう、建築家ディノクラテスに命じた。これはたんなる彼の理想主義から出たものではなく、むしろ理想と実益との幸福な結合であった。彼には新しいエジプト王国の首都が必要であり、しかも、マケドニアと結ぶためにその新都はぜひとも海沿いになくてはならず、ここはまさに絶好の地であった。すばらしい入江、完璧な気候、新鮮な水、石灰岩の石切場、そしてナイル河は目と鼻の先である。この地にギリシャ文化の粋を集めて永遠のものとなし、都市国家ではなくあまたの王国から成る一大ギリシャ世界の一大首都たらしめるのである。

かくしてアレクサンドリアは建設の途についた。

建設を命ずると若き大王は先を急いだ。一箇の建造物もその完成を見届けることはなかった。つぎなる仕事はシーワ・オアシスにあるアメン神殿(7)の参拝であったが、神殿の神官は彼を「神の子」として迎え、これを機に大王のギリシャ崇拝熱は衰えた。彼は東方の人、というよりいわば世界人となり、再びペルシャ人と戦ったときにはまったく新しい目的を胸に秘めていた。いまや彼は、世界をギリシャ化するのではなく、世界を融合させたいと願っていた。アレクサンドリアの建設は、おのれの未熟の産物として振り返らなくてはならなかったが、しかし彼は、結局この地に戻ることになった。八年後、ペルシャ征服を果たして斃《たお》れた大王の遺体は、しばし処々をさすらったのち、埋葬のためメンフィスに運ばれた。しかし、メンフィスの大神官は遺体の引き取りを拒んでこう叫んだ。

そのご仁をこの地に葬ることまかり成らん。ラコティスにつくられたご自身の町に葬るがよい。そのご仁の眠る地は必ずや、永遠に戦禍の不安におののくことになろう。

そこで、黄金に包まれガラスの柩に納められた遺体は再びナイル河を下り、アレクサンドリアの中央を交差する大十字路に、都市創建の英雄かつ守護神として埋葬された。

建設計画（二十〜一頁の古代都市図参照）

アレクサンドロス大王の建設計画を細かく見る前に、当時と今日の地形の三つの相違点を思い出さなくてはならない。

(1)　すでに見たように、ラース・アル・ティーン岬は当時は島であり、最初はここに町を建設するつもりであったが、狭すぎるためにあきらめ、亡き友へパエスティオンの廟を建立するにとどまった。

(2)　当時のマレオティス湖は現在よりはるかに深い湖で、ナイル河とも直接つながっていたため、海に劣らぬ重要な水路であり、湖の港は計画の重要な部分を占めていた。

(3)　当時すでに地中海と紅海を結ぶ水路ができており、古代エジプト人はメンフィス付近のナイル河から、現在のイスマイリア付近の塩水湖まで運河を切り開いていた。したがってアレクサンドリアは現在のポート・サイドと同じ地理的条件にあり、すなわちインドやさらに遠い東の世界への海の玄関口となった。

町は長方形で、海と湖に挟まれた細長い土地に、碁盤目状の道が整然と走っていた。東大通りの「カノポス通り」は、現在もその一部がロゼッタ通りとして残っている。東西にほぼまっすぐに走り、アレクサンドリアのほんとうの守護神である涼しい北風が通らないため、方角としては良くないのだが、地形の関係上ほかに考えようがなかった。西は海にぶつかって終わり、東はカノポス（アブキール）へと向かう。石灰岩層の支脈を走る天然のハイウェイであり、アレクサンドロス大王がやってくるずっと以前から存在していたものと思われる。カノポス通りと十字に交差し、現在のナビー・

ダニエル通りを辿るようにして、第二の大通りであるソーマ通りが走り、湖の港を起点として北は海まで通じていた。カノポス通りとの交差点（現在のモスク付近）には、ソーマすなわちアレクサンドロス大王の霊廟があった。この二本の大通りにそれぞれ平行して何本もの道が走り、アメリカ式に整然と町の区画がなされていた。絵画的な趣きには欠けていたかもしれないが、ギリシャ人は絵画的な趣きには関心がなかった。ロドス(8)やハリカルナッソス(9)の町もそうであったが、あくまで整然とした町作りを好み、活用すべき地理的条件で関心を示すのは海だけであった。各街区はギリシャ語のアルファベット順に標示された。

海岸の活用ぶりには目を瞠《みは》るものがある。ほんの一例として、ファロス島と本土を結ぶために作られた、長さ約一・三キロに及ぶ大堤防ヘプタスタディオンを見てみよう。堤防はふたつの機能を果たし、町の面積を拡げると同時に、潮流の勢いをやわらげて、背中合わせの複式港すなわち東の大港と、西のエウノストス（無事帰還）港を生んだ。アラブ人支配の時代にはヘプタスタディオンは泥で埋まり、ラース・アル・ティーン岬に通ずる細長い陸地となった。

城壁のコースは定かではないが、おそらく東側はシルシラ岬から湖まで、西側は現在のガッバーリーから湖までであろう。例によってその建設をめぐる縁起かつぎの逸話が伝わっている。コースの線引き用の白堊《はくあ》が足りなかったため、あら挽きの粉で代用したところ、湖から無数の鳥が飛んできてたちまちきれいに平らげてしまった。ギリシャ人はこれを吉兆と受けとった。エジプト人にしてみれば、飢えた異国人の到来を象徴する出来事に見えたことであろう。粉の代わりに何が使われたかは伝わっていないが、とにかく城壁は建設され、随所に塔が配された。

プトレマイオス朝初期三代

プトレマイオス一世ソテル（前三二三より太守。在位、前三〇四〜前二八二）
プトレマイオス二世フィラデルフォス（前二八二〜前二四六）
プトレマイオス三世エウエルゲテス（前二四六〜前二二一）
（三十五頁の系図参照）

アレクサンドロス大王が没すると、帝国は将軍たちによって分割された。将軍たちはしばらくは大王の異母兄弟と幼い王子⑽の名代として統治に当たっていたが、やがてみずから王を名乗るようになった。エジプトは、これら将軍のなかでも最も有能かつ思慮深いマケドニア人プトレマイオスが支配するところとなった。プトレマイオスは大王のような高邁な理想主義者ではなく、世界をギリシャ化しようとも融合しようとも思わなかったが、また皮肉屋でもなく、人間の物心両面の活動に大いに敬意を払った。かつてアレクサンドリアの建設に立ち会い、この地こそわが都と思い定めていた彼は、いよいよこの建設半ばの都市に居を移し、これを建築、学問そして音楽の都とすべく大事業に着手した。後継者争いを演ずる将軍同士の、とりわけ小アジアとマケドニアとの攻防にも多くの精力を奪われた。アレクサンドロス大王の遺体を所有していたため、当初は妙な争いにも巻きこまれた。この遺体はペルシャからシーワ・オアシスのアメン神殿に運ばれる途中彼が略奪したものだが、プトレマイオスは遺体のほかにもいろいろ猫ばばを決めこんでいる。生前に王とソテル（救済者）の称号を得、キュレネ、パレスティナ、キプロス、小アジア西南岸へと領土を拡げた。アレクサンドリアはこの堅固な王国の首都であり、かつ地理的中心地でもあった。現在と同じく当時もそこはエジプトというよりは地中海世界に属し、プトレマイオス朝歴代の王た

プトレマイオス王家系図

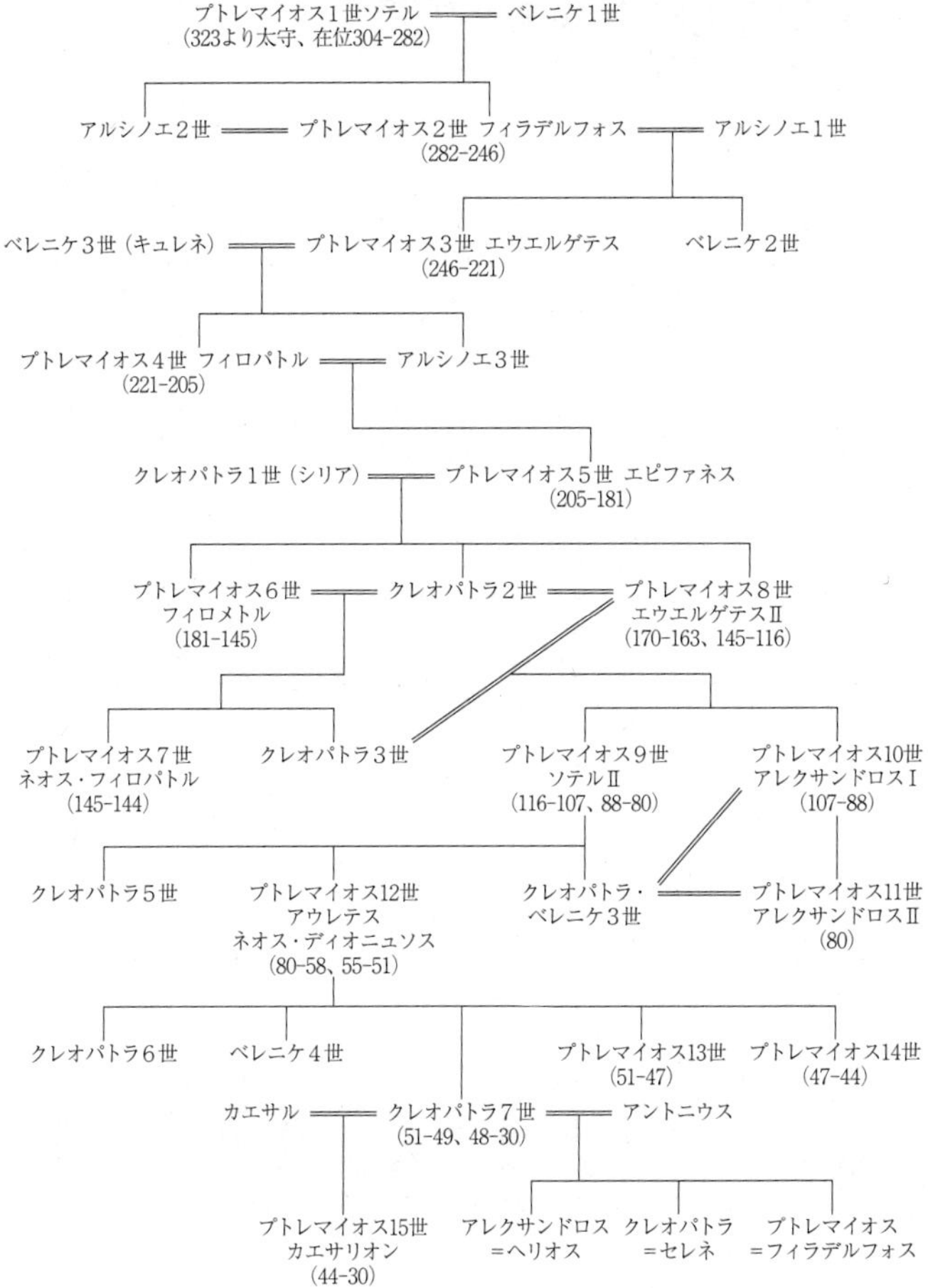
プトレマイオス1世ソテル
(323より太守、在位304-282)
ベレニケ1世
アルシノエ2世
プトレマイオス2世 フィラデルフォス
(282-246)
アルシノエ1世
ベレニケ3世（キュレネ）
プトレマイオス3世 エウエルゲテス
(246-221)
ベレニケ2世
プトレマイオス4世 フィロパトル
(221-205)
アルシノエ3世
クレオパトラ1世（シリア）
プトレマイオス5世 エピファネス
(205-181)
プトレマイオス6世
フィロメトル
(181-145)
クレオパトラ2世
プトレマイオス8世
エウエルゲテスII
(170-163、145-116)
プトレマイオス7世
ネオス・フィロパトル
(145-144)
クレオパトラ3世
プトレマイオス9世
ソテルII
(116-107、88-80)
プトレマイオス10世
アレクサンドロスI
(107-88)
クレオパトラ5世
プトレマイオス12世
アウレテス
ネオス・ディオニュソス
(80-58、55-51)
クレオパトラ・
ベレニケ3世
プトレマイオス11世
アレクサンドロスII
(80)
クレオパトラ6世
ベレニケ4世
プトレマイオス13世
(51-47)
プトレマイオス14世
(47-44)
カエサル
クレオパトラ7世
(51-49、48-30)
アントニウス
プトレマイオス15世
カエサリオン
(44-30)
アレクサンドロス
=ヘリオス
クレオパトラ
=セレネ
プトレマイオス
=フィラデルフォス

（　）内の数字は在位年代。いずれも紀元前。

ちもこれを自覚していた。ナイル河上流の上《かみ》エジプトでは彼らはファラオとして振る舞い、エドフやコモンボといった荘厳な大神殿を建立したが、下流の下《しも》エジプトのアレクサンドリアではあくまでギリシャ人であった。

プトレマイオス二世フィラデルフォス（愛姉王）は、父王よりはるかに自己顕示欲が強い人物であり、パトロン役をつとめた詩人や、招聘《しょうへい》したユダヤ人たちの頌詩頌辞によって有名だが、王としての業績そのものは大したことはない。在位中の最大の事件は軍事上の問題ではなく家庭的な問題であり、前二七七年に実姉アルシノエと結婚したことである。これはキリスト教徒はもとよりギリシャ人にとってもショッキングな出来事であったが、エジプトには実妹イシスを妻としたオシリス神という先例があり、彼は最高に聖なる交わりとしてこの結婚を正当化した。彼とアルシノエは共に聖なる父王の純血を受け継ぐ「姉弟神」として神格化され、この姉弟婚もしくは兄妹婚は、以後王家のしきたりとなって可能な限り継承された。これはすなわち極端なかたちの血統自慢であった。今日の皇族たちもやはり血統が汚されるのを恐れ、いとこ同士の結婚などが行なわれているが、プトレマイオス朝の王たちはこの論理をさらに進め、はるかに狭い範囲での種の存続を図ったのである。王たる者は精神のみならず、肉体においても普通の人間と峻別されねばならず、男女一対のかたちで神から生まれ出たものでなければならなかった。話を地上に戻すと、アルシノエ二世はすこぶる権勢欲の強い腹黒い女であった。弟より七歳年長で、ふたりが結婚したとき弟にはすでに妻がいたのだが、奸計を用いて彼女がアレクサンドリアから追い出したのだった。しかし弟はこの姉を深く愛し、彼女が消化不良に苦しんだ末に亡くなると、王の哀しみはついに治まらず、再び妻を迎えることはなかった。

晩年は愛妾と痛風のあいだを往き来する毎日であった。痛風の激痛がやわらいだ祝日などに、彼は宮殿の窓から外を眺め、土地の者たちが砂浜でピクニックを楽しむ姿を、すなわち今日でもシャンム・アル・ナシームの祝日などに見られる光景を目にした。彼らは名もなき幸せな民たちであった。「なぜ私は彼らのように暮らすことができないのだろう？」と老王は嘆息し落涙した。彼の治世は美しさよりものものしさが目立ち、神秘的な結婚という、ややいかがわしげな一事を除いては、アレクサンドリア文化に新たにはほとんど何もつけ加えていない。基金の寄付やパトロン役はつとめたけれど、アレクサンドロス大王や父王のように、何かを創造するということがなかった。彼はふたりが計画したものをただ完成しただけで、称賛をひとり占めにしたのである。

プトレマイオス三世エウエルゲテス（徳行王）は、フィラデルフォスの先妻の子であったが、性格は祖父に似て、思慮深いすぐれた軍人であり、かつ科学を愛し、いとこベレニケと結婚してキュレネを獲得した。ベレニケの人柄については何も伝わっていないが、彼女はプトレマイオス朝歴代王妃のなかで最も高く称賛されている。彼らの治世にエジプトの国力とアレクサンドリアの栄光は絶頂期を迎えた。では、いよいよその栄光の跡をたどることにしたい。アレクサンドロス大王が礎を築いて以来すでに百年の歳月が流れていた。その礎の上に、いかなるものが建造されたのだろう。

プトレマイオス朝都市（二十〜一頁の古代都市図参照）

以下のものが、プトレマイオス朝時代のアレクサンドリアのおもな建造物である。

(1) ファロス大灯台

エジプトの海岸は大部分が沖積地であるため、海からは見えにくい。そこで、何か大建造物で新都の位置を示すことが急務であり、また、海岸線を走る石灰岩の岩礁を切り抜ける水夫たちにも、水先案内となる目印が必要であった。こうした理由から、プトレマイオス家はファロス島の東端（現在のカイト・ベイ城塞）に、高さ百二十メートル余りの大灯台を建設した。このファロス大灯台はアレクサンドリア精神の一大記念碑であり、学園ムーセイオンにおける数学研究の現実的成果であった。設計者のソストラトスは、エラトステネスやユークリッド（エウクレイデス）と同時代人である。

ファロス大灯台はまた要塞でもあり、市の海上防備の要となっていた。ふたつの港を見下ろし、わけても重要な、王室艦隊が碇泊する東港を常時監視していた。東港には王宮の岬も伸びていた。西は西港を越えてケルソネセ（現在のアガミー城塞）まで信号灯を送ることができた。監視網はさらに西へと延長され、北アフリカ海岸一帯に点々と監視塔や灯台が配され、同盟王国キュレネとエジプトを結んでいた。これらの塔のひとつがアブシールの塔として現在も残っており、ファロス大灯台のかつての偉容をミニチュア版で伝えている。

(2) 王宮

王宮（というより王宮網）の位置についてはひとつだけはっきりしていて、現在より長くかつ広かったシルシラ岬全体に及んでいたことだけはまちがいない。しかし、内陸部や海岸線のどこまで建物が伸びていたのか、そしてどんな建物であったのか、確かなことは何もわかっていない。いずれにしても、プトレマイオス朝歴代の王たちがそれぞれ増築を重ね、かつての帝都北京のごとく王宮全体が特別地区を形成していた。当時のエジプトは専制国家であったため、王宮は王族の住居であると同時に政府の所在地でもあり、役人たちもここに役所を構えていた。シルシラ岬の左には王家専用の港があり、ロドス島の栄光と張り合って名づけられたアンティロドス島という島離宮もあった。アンティロドス島は東港に浮かんでいた島で、現在では深く海中に没している岩山がすなわちそれであろうとされている。

内陸部では、王宮はもうひとつの大建築群である学園ムーセイオンとつながり、海側は大堤防によってファロス島のほうまで伸びていた。

(3) ムーセイオン

アレクサンドリアの学園ムーセイオンは、プトレマイオス王朝の一大知的記念碑であった。それは当時の文学と科学の発展に大きく寄与したばかりでなく、思想の分野においても不滅の足跡を残した。建物はすべて失われ、跡地の確定はむずかしく推測の域を出ないが、おそらく正門は、ソーマすなわちアレクサンドロス大王の霊廟の向かい側、現在のナビー・ダニエル通りの西にあったものと思われ、その宏大な敷地内に、大講堂、研究室、観測所、図書館、食堂、公園、動物園などがあった。

学園はプトレマイオス一世ソテルによって開設されたが、彼はアリストテレスの弟子であるファレロンのデメトリオスを招き、アテナイのムーセイオン（アリストテレスの蔵書を収蔵する哲学研究所であった）と同じような施設をつくるよう命じた。しかし、アレクサンドリアのムーセイオンはすぐにお手本から大きく離れ、はるかに豊かな、はるかに大きな施設となった。基金の運営は王に任命された神官があたった。本質的に王家の管理下にある王家の一施設であり、王室の保護を受けることの長所も短所もはっきりしていた。いろいろな点で現代の総合大学に似ているが、丸抱えの援助を受ける学者、科学者、文学者たちに教授の義務はなく、プトレマイオス王家の栄光を高めるべくそれぞれの研究に励むだけでよかった。

この巨大な施設のなかでも、とりわけ天下にその名を知られたのは図書館である。後にできたさらに大規模な「別館」と区別して、ときに「本館」と呼ばれたが、じつにその蔵書数五十万巻、図書目録百二十巻を誇り、「図書館長」はきわめて重要な役職であり、この地位にある者がすなわちムーセイオンの最高責任者であった。ムーセイオンにおける文学研究、科学研究の具体的成果についてはあらためて検討する（五十九〜八十五頁）。

(4) セラピス神殿

この宗教は正しく、あの宗教は間違っている、と考えるのは本質的にキリスト教的な考え方であり、アレクサンドリアで一緒に生活していたエジプト人とギリシャ人は、けっしてそうは考えなかった。それぞれが自分の国の言葉を話すように、それぞれが自分の国の神々を崇拝したが、お隣りの国の神々は存在しないのだなどとはけっして考えず、むしろ、自分たちの神々が別の名を借りているのではないかと考えた。とりわけギリシャ人はこうした考え方をもち、すでにエジプトの冥界の神オシリスを、秘教と酒の神ディオニュソスと同一視していた。したがって、プトレマイオス一世ソテルが新都のために新しい神をつくるにあたっては、この国民性を利用して、すでに存在している宗教感情に土地の住まいと名前と彫像を与えるだけで事足りた。

主成分はオシリス神であった。すでにラコティスの丘で崇拝され、エジプトの神々のなかでもとりわけ有名な神だった。これに、当時にわかに崇拝熱が復活していたメンフィスの聖牛アピスが加えられ、両者の名前を合わせて「セラピス」と命名された。しかし、この新しい神は生まれと呼び名はエジプト産でありながら、姿と属性は完璧にギリシャ風であった。ギリシャの彫刻家ブリュアクシスの作と伝えられるセラピス像は、ギリシャ人の衣服をまといギリシャ風の玉座に坐していた。顔はあごひげをたくわえたゼウスに似ているが、穏やかなやさしい表情で、むしろ文明時代に入って崇拝が盛んになった医神アスクレピオスを思わせる。頭の籠は豊穰の神であることを示し、かたわらには三つの頭をもつケルベロスが控え、冥界の神プルトンの属性も併せもつことを示していた。

プトレマイオス王家としては、敏感な宗教感情を傷つける心配もまったくなく、こうした神を世に送り出すことができた。むしろ予期せぬ出来事は、その大成功ぶりであった。セラピス神は、アレクサンドリア市民に共通の信仰を植えつけようという政治的目的をたちまち果たしたばかりか、その崇拝熱は市を越えエジプトを越えて拡がり、地中海世界の至るところにセラピス神殿が建立されるに至った。オシリス・アピス・ディオニュソス・ゼウス・アスクレピオス・プルトン神とはまた、ずいぶんな人造合成神だわいと思われるかもしれないが、なかなかどうしてこの合成神は時の試練によく耐え、人々の欲求をよく満たし、キリスト教に抵抗する異教崇拝の最後の砦となった。

神殿は、現在「ポンペイウスの柱」が立つラコティスの古い砦に建てられた。ぐるりと回廊に囲まれ、四方の回廊とはそれぞれ柱廊で結ばれていた。ギリシャ風の建築で、大ホールがあり、その奥に神の像を祭る聖堂があった。数世紀のあいだには増築も重ねられ、神殿内に、アレクサンドリアの第二のそしてさらに大規模な図書館である「別館」も設けられた。

(5) 王家の墓

アレクサンドロス大王の霊廟「ソーマ」が有名になったため、プトレマイオス朝の初期の王族たちはみなこの付近に埋葬され、おそらくはギリシャ風のおびただしい建物が、現在のロゼッタ通りとナビー・ダニエル通りの交差点付近に建ち並んだ。その後、王家の墓所は王宮の構内に移されたらしく、クレオパトラが果てたとされる「マウソレウム（霊廟）」は、シルシラ岬のイシス神殿のかたわらの、海鳴りの聞こえる場所にあったものと思われる。

(6)　その他の建築物

劇場と競馬場。両方とも王宮付近にあり、おそらく劇場は現在のエジプト国立病院のあたりで、共にギリシャ風建築であった。

ヘプタスタディオンの堤防は、アレクサンドロス大王の建築計画の一部をなしていたが、プトレマイオス家がこれを完成補強してファロス島と結んだ。

以上が、市の誕生後百年間につくられたおもな建造物ならびに施設である。その後も、たとえばクレオパトラがアントニウスに捧げた神殿「カエサレウム」などがつくられたが、しかし全体としてみれば、アレクサンドリアはディノクラテスによって設計され、プトレマイオス朝初期三代の王たちによって完成された、すなわちまったく単一の都市計画の産物であった。したがって、周到な計画のもとにつくられた都市特有の長所短所もおそらくはっきりしていて、王者としての威厳は演出十分であった反面、やや単調の感はまぬかれなかったのではないかと思われる。少なくとも、アテナイやローマの町を見てその知られざる過去に思いを馳せたくなるような、神秘的な雰囲気といったものは皆無であったろう。ギリシャ精神が多くの迷いから解き放たれ、物質世界にたいして、かつてない支配力を持つに至った時代に建設されたアレクサンドリアは、ある意味ではギリシャよりもはるかにギリシャ的な都市であった。もちろん時とともにロマンスもつけ加えられたが、アレクサンドリアはまず一切の過去を持たぬ、純白に輝く驚異の大理石の都として出発したのである。町はすべて——宗教までが——周到な計画のもとにつくられたものであった。

後期プトレマイオス朝（前二二一〜前五一）（三十五頁の系図参照）

プトレマイオス三世エウエルゲテスの死後、王朝は衰退の一途をたどる。後継王のなかには二、三有能な人物もいたけれど、倫理の向上にも王朝の発展にもなんら寄与するところのない、ある共通のタイプがしだいにできあがってしまった。後期プトレマイオス朝の王たちはおしなべて軟弱であり、芸術家タイプではあるが芸術にたいする情熱はなく、アレクサンドリアの王宮で生まれ王宮で終生を過ごした。プトレマイオス四世の死は丸一年世に知られなかったほどである。王たちはまた、生まれつき残忍なわけではないが簡単に残虐行為に走り、意外なほどに内気で、晩年にはたいへんな肥満体となった。プトレマイオス七世がローマの使節を出迎えに、ふうふう息を切らして桟橋をやってくると、「ともかく、アレクサンドリア市民は王の歩く姿を見た」と使節はつぶやいたという。そして、男どもが軟弱なぶんだけ女たちが強くなった。王朝の歴史はすご腕の王妃たちによって彩られている。たとえばプトレマイオス二世フィラデルフォスが二度目の妻として迎えたアルシノエ二世がいる。ラフィアの戦いでシリアの軍隊と相対したアルシノエ三世がいる。みずから腹を痛めたわが子を殺害したクレオパトラ三世がいる。そして、錯雑たる一族の歴史に終止符を打つ大クレオパトラがいる。

そしてこの王家の混乱ぶりと対照的に、すこぶる堅固ではあるが愛敬に欠けるローマの姿が浮かびあがってくる。ローマの使節がはじめてアレクサンドリアを訪れたのは紀元前二七三年、干渉の開始は紀元前二〇〇年である。カルタゴ討伐によってローマが西地中海の覇権を確立するまで干渉は延期され、それからいよいよ東地中海世界の自由と正義の守護者を気取り、礼儀正しさを装いながら盛んな干渉を開始した。合法的かつ独善的に、ローマ帝国は全ヘレニズム世界に冷気を吹きこんだ。ヘレニズム世界の腐敗ぶりにローマは呆れ、かつ、これにつけこむことを怠らず、大破を遂げたアレクサンドロス帝国はひとつまたひとつとローマの手中に落ちていった。プトレマイオス王朝はこの完全無欠なローマの同盟国であり、まことに奇妙な同盟関係ではあったがじつに二百年以上も続いた。エジプトの艦隊と軍隊が衰えるにつれてローマの干渉は増大した。王家の後見人たることを宣言し、プトレマイオス十一世がエジプトの主権をローマに譲るという遺言を残したと宣伝した。ただしこの遺言書を見た者はいなかった。プトレマイオス十二世のとき王家は庶出となったため、ローマは王位承認料として多額の献金をさせ、前五八年に十二世がエジプトを追われると、王位復帰のためにさらに金品を積ませた。王は債権者であるローマの軍隊に守られてエジプトに戻ると、必要な一万タレントを捻出するために民に重税を課さねばならなかった。ローマは呆れたが、厳しい態度は変えなかった。

こうした仮借なきローマ帝国の干渉にたいして、アレクサンドリアはなすすべもなかった。アレクサンドリアはエジプトの頭脳であると同時に五感でもあり、神官団に支配された上《かみ》エジプトの町とちがって、桟橋にローマの使節が到着するたびに、ナイルの栄光は去りつつあることを実感させられた。しかし、ひとつだけ希望があった。エジプトを併合する前に、ローマ帝国自身が崩壊しないだろうか？　その徴候は現われていた。勝ち誇る共和政ローマはすでに抱えきれぬほどの領土ともくろみを抱え、これ以上の領土拡張はむずかしいと考えていた。そして、アレクサンドリアではプトレマイオス王家の後継者争いが繰り返されていたが、いまやローマにおいても熾烈な後継者争いが展開されていた。この機に乗じて漁夫の利を得、王国の安全を確保することは可能だろうか？　この考えはアレクサンドリア人の大いに気に入るところとなり、破産王プトレマイオス十二世の娘にして才色兼備のクレオパトラという女王もまた、同じことを考えた。

クレオパトラ（在位前五一～前三〇）（三十五頁の系図参照）

クレオパトラ七世として王位に就いた少女は、まだ十七歳であった。弟であり夫でもある共同統治者プトレマイオス十三世は九歳、末弟は八歳、妹は十五歳だった。アレクサンドリアの宮廷はさながら託児所と化し、そこで四人の賢い子供たちは、海の向こうで展開されるポンペイウスとカエサルの一騎打ちを見守っていた。ポンペイウスは子供たちの後見人を任じていたが、子供たちはポンペイウスにたいしてもお互いにたいしても、あらぬ幻想は抱いていなかった。おのれの命と権力のみが、彼らの関心のすべてであった。クレオパトラが共同統治者のプトレマイオス十三世に仕掛けた最初の謀反は失敗に終わり、彼女は追放され、その間にローマの一騎打ちは決着がついた。カエサルに敗れたポンペイウスはエジプトへ逃れ、配下の守備隊に身を任せたが、上陸したところをその手先によって暗殺された。

カエサルのエジプト到着とともにクレオパトラの勝利が始まった。彼女は性格において、一族のほかの有能かつ無節操な王妃たちと何ら変わるところはなかったが、ただひとつ、ほかの王妃たちが持ち合わせない力、すなわち娼婦の力が彼女には備わっていた。彼女はこの力を、玄人顔負けに最大限に利用した。情熱的ではあったがけっして情熱の虜とはならず、ましてや感傷とはさらに無縁であった。わが身の安全とエジプトの安全のみが彼女の関心事であり、この両者を脅かすローマの好色な武骨者はかっこうの餌食であった。かつて王妃は玉座から命令を下したが、いまやみずから歩み寄って、女を演じなければならない。カエサルが王宮に宿営したと聞くや、クレオパトラはただちにアレクサンドリアに立ち返り、わが身を東方の絨毯にくるみ、その興味津々たる荷物をこっそりカエサルのもとへ運ばせた。ほかの子供たちは断固抗議したが、すでに彼女の最初の勝利は決まっていた。弟で夫で共同統治者のプトレマイオス十三世との争いで、ユリウス・カエサルの支持を得られることは確実であった。

しかしながら、カエサル自身の立場もきわめて危険な状態にあった。彼はすでにして世界の王ではあったが、ポンペイウスを捕えんと急いだあまり、自分の軍団をはるか後方に置き去りにしてしまった。彼の到着騒ぎの魔力が薄れると、アレクサンドリア人はこれに気づき、援軍到着前にカエサルを討たんと激しい市街戦(前四八年八月〜前四七年一月)に打って出た。カエサル軍は王宮(現在のシャトビィ付近)と、劇場（エジプト国立病院）と、それに手勢の小艦隊が碇泊する東港の一部に陣取った。これに対するアレクサンドリア側は、西港とファロス島を含む残る市の全域をおさえ、かつ、王宮から逃れてきたクレオパトラの妹と、のちにはプトレマイオス十三世をも擁し、王家の義兵たる錦の御旗《みはた》を掲げることができた。

それはまさに、ローマ人にたいするアレクサンドリアの国民的反乱であり、じつにみごとな統率ぶりであった。戦闘は五箇所で展開された（二十～一頁の地図参照）。

(1) 王宮包囲

王宮の包囲攻撃は、陸では成功したが海側で失敗し、カエサルは城壁から東港の入江に飛びこんで逃れ、アレクサンドリアの艦隊に火を放った。火の手はムーセイオンにまで延び、図書館（「本館」）が焼けた。(11) 王宮の飲料水を断たんとする試みも失敗に終わった。アレクサンドリア軍が水道管に塩水を流しこんだときには、籠城するローマ軍はすでに王宮の構内に井戸を掘っていた。

(2) 第一回海戦

カエサルの援軍が到着しはじめ、強い東風に乗って東港の入口に近づくと、カエサルはみずから曳航に出向いた。アレクサンドリア軍はこれを途中で捕えんと西港を出発したが、失敗に終わった。

(3) 第二回海戦とファロス島陥落

カエサルは東港を出発してラース・アル・ティーン岬をまわり、岩礁帯(ここからアガミーまで続き西港の入口を守っていた)の外に陣を敷いた。アレクサンドリア軍は内側で待ち構えた。カエサルは港の入口中央から攻め入り、アレクサンドリア軍をラコティスの埠頭まで追い立てこれを破った。これでファロス島の両面攻撃が可能になり、翌日島は陥落した。カエサルはここに本陣を移し、戦局は大きく変わった。

(4) ヘプタスタディオン堤防の戦い

カエサルはヘプタスタディオン堤防を貫通するアーチ門を閉鎖し、アレクサンドリア軍の港から港への作戦行動を封ずると、市街へ攻め入った。しかし、あまりの大軍勢を繰り出したため、堤防の後方から上陸したアレクサンドリア軍がこれを混乱に陥れ、カエサルは堤防から海へ飛びこみ辛うじて小舟に泳ぎついた。勝利であった。アレクサンドリア軍はヘプタスタディオン堤防全域を奪回し、アーチ門を再開した。

(5) ナイル河の戦い

戦いは結局アレクサンドリア市外で決した。さらにカエサルの援軍がナイル河のカノポス河口に到着し、アレクサンドリア軍は河口でこれを迎え撃たんと進軍した。いまや幼きプトレマイオス十三世が大将であったが、彼は敗れて溺死し、軍は壊滅し、カエサルはアレクサンドリアへ、そしてクレオパトラのもとへと凱旋した。

幸運の女神はしかとクレオパトラにほほえみかけたようであった。末弟(プトレマイオス十四世)と結婚した彼女は、カエサルとともにナイル河上流へと旅して古代の遺跡を案内した。エジプト人は彼女を裏切者として憎んだが彼女は気にしなかった。カエサルの息子を産み、彼に付き従ってローマへ赴き、思いきり尊大に振る舞った。そして、その美と権勢が絶頂に達したとき、不幸な一撃が彼女を襲った。紀元前四四年三月十五日、カエサルは暗殺された。結局彼女は、恋人の選択を誤ったのである。

再びアレクサンドリアに戻ると、彼女は第二の決戦、すなわちカエサルを暗殺した一党とマルクス・アントニウスとの戦いを見守った。彼女はどちらにも与《くみ》しなかった。勝利をおさめたアントニウスは、中立の立場を取った彼女に申し開きをさせようとローマへ呼びつけた。彼女は今回は絨毯にくるまれてではなく、金色に輝く御座船《ござぶね》に乗って現われた。そして、これ以後の彼女は歴史上の人物というよりは、詩の世界の人となる。後半生におけるクレオパトラを普通の人間として考えることはほとんど不可能である。彼女はヘレネーやイゾルデの仲間入りをしてしまった。ただし、人間が変わったわけではない。淫乱と用心深さを兼ね備えた彼女は、新しい恋人を昔の恋人と同じようにもてなし、ゆめゆめこれを退屈させるようなことはなかった。粗野は単調に通ずるため、感覚が精神に近づくあの洗練された快楽に適するようにと、彼女は新しい恋人の精神を鍛え直した。彼女が恋人を退屈させない秘密はそこにあった。彼女は純血主義によって隔離された神秘の一族の最後の王妃であり、アレクサンドリアが三百年の歳月をかけてつくりだした永遠にしおれることのない花であった。まさにその花が、単純かつ聡明なローマ軍人の目の前でいっぱいに花開いたのである。

　彼女の運命と和解し、アントニウスの軍団に守られたアレクサンドリアは、東方世界の首都となった。一方の西方世界はカエサルの甥《おい》オクタウィアヌス（のちのアウグストゥス）が支配し、第三の決戦は避けられなかった。決戦は数年延期され、この間にアントニウスはローマ人の妻[12]を娶り、これを捨て、クレオパトラはアントニウスの子を数人儲けた。ユリウス・カエサルとの間にできた息子はプトレマイオス十五世として王位につき、「諸王の王」という称号を与えられた。アントニウス自身は神となり、彼女は彼のために神殿を建立した。この神殿はのちにカエサレウムと呼ばれるようになり、二本の古代オベリスク、通称「クレオパトラの針」によって飾られていた。しかし、この幸せと栄光の時期は、オクタウィアヌスが二人の連合艦隊を破るアドリア海はアクティウムの海戦の悲劇によって幕を閉じる。敗北はクレオパトラの臆病風によって加速された。(13)いざ決戦というときに、彼女は六十隻の船団とともに逃げ出してしまったのである。最後尾に陣どった彼女の艦隊が突然戦線離脱したため、アントニウスの大艦隊は大混乱に陥った。アントニウスは彼女を追ってアレクサンドリアへ逃げ帰り、ふたりは罵り合いをすませると、再び快楽の日々を、ただし、忍び寄る死の影に曇らされ、かつ鋭くされた快楽の日々を送った。もはやオクタウィアヌスの追撃に抵抗する気力はなかった。互いに「死の盟約」を交わし、厭人家ティモン(14)を気取ったアントニウスは、西港に「ティモニウム」という庵《いおり》を結んだ。神も無言ではいなかった。彼が愛しかつ愛された守護神ヘラクレスが、ある夜、妙《たえ》なる楽の音と歌声に送られて、アレクサンドリアを去るのを人々は耳にした。

ついにオクタウィアヌスがやってきた。彼は世界の成功者のなかでも最も疎ましい人物のひとりであり、その冷たい心には、クレオパトラの生涯は淫蕩堕落以外の何物でもなく、彼によれば悪徳は人目を忍ぶべきものであった。オクタウィアヌス軍が攻め来たると、アントニウスはカサエルが陣取るカノポス門（ロゼッタ門）の外で抵抗したのち、市街へ退去して自刃を図った。瀕死のアントニウスは、ふたりの霊廟に籠っていたクレオパトラのもとへ運ばれ、ここからふたりの物語は、永遠の芸術世界へと昇華される。シェイクスピアはプルタルコスから霊感を吹き込まれたが、すでにプルタルコス自身が霊感を吹き込まれていたゆえ、この共通の感情から歴史的事実を引き出すことはむずかしい。たとえばクレオパトラが自殺に用いたとされるエジプト・コブラにしても確かな根拠はなく、彼女がどういう死にかたをしたのか一切わかっていない。彼女は捕えられ、オクタウィアヌスのもとへ引き立てられた。娼婦の本能が命ずるまま、彼女はアントニウスの存命中からオクタウィアヌスにもいろいろ働きかけてきた。今回は絨毯でも御座船でもなく、あられもなく打ちしおれた風情でソファにもたれての面会であった。若いオクタウィアヌスは驚き油断した。彼女は自分がローマの凱旋式の捕虜行列に加えられようとしていることを知り、かつ三十九歳という自分の年齢を考え、みずから命を断った。遺骸はアントニウスのかたわらに葬られ、跡を追った侍女カルミオン（チャーミアン）とエイラス（アイアラス）は銅像となって廟の扉を守った。アレクサンドリアはローマの一属州の首都になった。（一七九頁、付録Ⅰ参照）

こうしてアレクサンドリアのギリシャ・エジプト時代の歴史は、その始まりと同じくロマンスの雰囲気をたたえながら幕を閉じる。もちろんクレオパトラは、アレクサンドロス大王に比べればはるかに人間が小さい。彼女の野望はまったく利己的なものであったが、アレクサンドロス大王においては、なぜか人類の繁栄と結びついていた。彼女はついに肉体を超えることができず、つねに不快と苦痛から尻込みしたが、アレクサンドロスは英雄のみが知る力を備えていた。しかしこうした相違にもかかわらず、アレクサンドリアを建設した男と滅ぼした女には、歴史上の大人物という共通要素があり、そしてふたりは、プトレマイオス王朝という弱々しい鎖でつながれている。歴史家からはきびしい批判をうける王朝だが、そこで暮らすエジプト人自身の目はもっと寛容だった。複雑な国柄をなんとかまとめてきただけでも、たしかに偉大だったからである。上《かみ》エジプトではファラオの伝統が生き続けたが、海岸地方ではすべてがギリシャ的であり、地中海文化の香りがいっぱいに漂っていた。王朝が滅びると、アレクサンドリアのエネルギーは内へと向かい、哲学と宗教の分野において大きな仕事をすることになる。しかしアレクサンドリアは、もはや王国の首都でもなく、王家のものでもない。

プトレマイオス朝文化

プトレマイオス朝を去る前に、その文化を振り返っておこう。すでに見たように、アレクサンドリアには王宮とムーセイオンというふたつの大建造物があり、建物は互いにつながって、シルシラ岬から内陸部のどこか、おそらくは現在の鉄道駅のあたりにまで及んでいた。アレクサンドリア文化が花開いたのは、あまたの庭園と柱廊に囲まれたこの建物においてであった。宮廷がすべての資金を出し、すべてを命令し、ムーセイオンは想像力もしくは知識をもってこれに応じた。両者の関係は呆れるほどに緊密であり、たとえば、プトレマイオス三世の王妃ベレニケが献じた切髪が神殿から行方不明になると、新しい星座を見つけ、天に昇りましたと王妃をなぐさめるのが宮廷天文学者の仕事であり、⑮亡き髪を悼む悲歌を詠むのが宮廷詩人の仕事であった。完全なつるっ禿となったストラトニケはさらなる難題を提出した。彼女の髪についても何か詠むようにとムーセイオンにお達しが下ったのである。祝勝歌、葬送歌、祝婚歌、戯れ歌、系図、処方箋、機械仕掛けのおもちゃ、地図、兵器等々、宮廷に必要な物は何であれムーセイオンに申しつければ、助成金を支給されたスタッフがただちに仕事に取りかかった。そこでは詩人も科学者も、王家一族を怒らせたり困らせたりするようなことは一切慎んだ。王家のご機嫌を損なえばただちにその楽園から追放され、新しいパトロンを見つけるか飢え死にするか、どちらかしかないことを知っていたからである。部外者がすぐに指摘したように、それはけっして理想の関係とはいえず、アレクサンドリア文化は最初からスノッブ根性と奴隷根性にたっぷり汚染されていた。塀の中で生まれ育ち、孤独を知らず、独立の栄光と危険ともまったく無縁であった。しかし驚くべきことに、そのアレクサンドリア文化はたんに生まれ育ったのみならず、大いに花開いた。いずれにしても、別のかたちを求めてこれを批判することは意味がない。別のかたちで花開いたのなら、それはアレクサンドリア文化とは言えないからである。宮廷とムーセイオンは、物理的にも精神的にも離れられない仲であり、ただし宮廷のほうが力も強く先輩でもあった。こうした関係は哲学を窒息させ、哲学が供給できるはずの栄養分を文学から奪ってしまった。しかし科学の奨励には大いに力を尽くし、文学にたいしても、それまで無視されてきた魅力をつけ加えることになった。

a　文学

カリマコス（前三〇五頃～前二四〇頃）
ロドスのアポロニオス（前二九五頃～前二一五頃）
テオクリトス（前三一〇頃～前二五〇頃）

ムーセイオンで育った文学は始めから高邁な目的とは無縁であった。人生究極の問題なぞはもとより、行動のモラルの問題にも関心がなく、芸術上の深遠な問題を探究するつもりもなかった。優雅、悲哀、学殖、滑稽、猥褻、いずれかに秀で、そしてつねに王家にたいする忠誠心を忘れぬこと、これだけで十分であり、したがって、実験は盛んないっぽう冒険心にはまったく欠けていた。ギリシャの英雄時代が終わり、自由もそしておそらくは名誉も失われた時代に育ち、多くの幻滅も味わったが、しかしうれしいことに、苦悶の表情とも無縁であった。そして、ある種の逞しさは備えていた。なんとなれば、伝統的な価値がことごとく崩れ去った瓦礫のなかに、まだまだ素晴らしいものが三つばかり、すなわちこの世の美しさと、学問の喜びと、愛の喜びとが残っていることを、そしてとりわけ、愛こそは至上のものだということを、しかと自覚していたからである。古代ギリシャも愛を歌ったけれど、あくまで控え目であり、あまたの歌のなかのひとつにすぎなかった。アレクサンドリア人は愛以外の歌はめったに歌わなかった。エピグラム（寸鉄詩）も、エレゲイア（悲歌・恋愛詩）も、エイデュリオン（牧歌）も、そして唯一の大叙事詩も、すべてが愛の気持ちを刺激し、前代には皆無の、しかし後代にはあまりにお馴染みとなるさまざまな表現を用いてこれを祝福した。「胸に投げ矢」、「瞳にため息」、「互いに抱き合う胸と胸」、これらの表現はすべてアレクサンドリアにおいて、宮廷とムーセイオンの交流から生まれたものであり、今でこそ陳腐な表現ではあるけれど、当時としては極めて斬新なものであった。

いったい誰が、愛の彫像をつくり、水辺に置いたのだろう

このような激しい炎は、水で冷やさねば、とでもいうように

（R・A・ファーネス英訳）

初期の図書館長の作とされるカプレット（二行連句）だが、装飾的な技法、神話伝説の利用、愛の主題というこの派の特徴を手短に伝えている。土中から発掘された無数のテラコッタの小像と同じく、アレクサンドリア文学の世界には、残酷で気まぐれな少年（のちのキューピッド）が飛び交っている。すでに見飽きた恋の使者だが、クレオパトラで頂点に達する王朝のもとで生まれたというのは、いかにもふさわしい。

アレクサンドリア文学の傾向は、カリマコスによって決定された。彼はすぐれた詩人ではあったが、パトロンたちが買い被っていたほどではない。エレウシス（現在のヌズハ）で教師として出発したのち、ムーセイオンに迎えられ、エウエルゲテスのもとで図書館長となった。(16) 驚くべき学殖、縦横無尽の機知、そして不屈の忠誠心を誇り、かの有名な「ベレニケの髪」の頌詩を物した。彼の詩はすべて優雅洗練と衒学趣味を身上とし、「長大なる詩は無用の長物なり」と宣言し、感情の深みよりは表現の彫琢に心を砕いた。ただしその感情は、たとえば彼の有名なエピグラムに顔を出している。

人ありて告げぬ、ヘーラクレイトス、
君が身のはてを。かくて涙に
吾をくれしめき、憶ひいづるは
そもいくたびか　君と二人
語らひあひつ　日を西に
沈ましめけむ。されどはやかにかくに
君は、ハリカルナッソスなる友よ、
せんすべもなき　灰となりにし。
さはれなほ君が「歌鶯」は
世にながらへて、あらゆるものを
奪ひさるとふ　黄泉も
その上に手を觸るる　よしなけむ。

（呉茂一訳）

その赫々たる生涯にもたった一度だけ邪魔が入った。門弟のなかに、アポロニオス[17]という足の不自由な若者がいた。アポロニオスは長編叙事詩——すなわちカリマコスが蛇蝎の如くに嫌い、その理論と真っ向から対立する詩形式である——を書く野心を抱いていた。カリマコスは反対したが無駄であった。その時わずか十八歳のアポロニオスは、できあがった詩の下書き原稿の公開朗読会をムーセイオンで開いてしまった。激烈な論争がもちあがり、アポロニオスは追放され、カリマコスは「イビス（朱鷺《とき》）」という諷刺詩を書き、敵の足その他の欠陥を暴きたてた。アポロニオスの友人たちも同じ激しさで応酬し、ムーセイオンの静謐が乱された。論争は結局カリマコスの勝利に終わったが、彼の勝利は永遠のものではなかった。彼の死後アポロニオスはアレクサンドリアに呼び戻され、やがて図書館長となった。

アポロニオスが初志貫徹して書きあげた叙事詩『アルゴナウティカ』は、ほぼ完全なかたちで後世に伝わっている。ホメロスを範とし、黄金の羊毛を取り戻しにゆくアルゴー船[18]の冒険を扱っているが、しかし内容的にはホメロス的なものはなく、未開の蛮地にいるはずの読者は、けっしてプトレマイオス朝の雅やかな宮廷を離れることはない。やはり愛こそが、主たる関心事である。いたずら者の少年がメディア姫の王宮に忍び入り、彼女の胸に小さな矢を放ち、英雄イアソンへの恋心を吹き込む。王妃ベレニケとアルシノエにも、同じように吹き込んだかもしれない。愛の苦しみと、憂いと、歓喜がこれにつづき、かんじんの英雄冒険譚の主題は忘れられてしまう。つまりは典型的なアレクサンドリア文学であり、長さの点を除けば、カリマコスはこの詩に反対する理由はなかったはずである。絵画的な手法もまたアレクサンドリア文学の特色であり、そのエピソードの多くは、テラコッタの小像や宝石類の題材にぴったりかもしれない。

しかし、ムーセイオンで仕事をしたもうひとりの詩人テオクリトスは、まったく異なったタイプの天才であった。ただしこの天才は、アレクサンドリアで花開いたとはいえ、アレクサンドリアが育てたとはいえない。テオクリトスは晩年になってアレクサンドリアへやってきた。コス島で生まれ、シチリア島で暮らし[19]、都会者が分かちもつことのできない記憶をたっぷり身につけてやってきた。新鮮な大気と輝く太陽、高地地方の草原とはるか頭上をおおう木々、山羊の群れと羊の群れ、互いに助け合う男と女たち、そして田園生活を構成するすべての魅力と粗野。彼はこれらの記憶をときには理想化し、ときには生のまま詩のなかへ投げ入れ、それらの詩をエイデュリオン

(牧歌あるいは田園小景詩)と呼んだ。彼もまた、愛と、神話伝説と、装飾的技法とを好んだけれど、彼にはさらに、カリマコスやアポロニオスが知らない広い経験とそれへの信頼があった。カリマコスとアポロニオスが学者に研究される「古典」だとするならば、テオクリトスの詩は直接読者に訴えかける。たとえばアレクサンドリアのギリシャ人地区の生活を歌った第十五歌などは、書かれた当時の新鮮さをいまなお失っていない。冒頭の会話など、カエサル・キャンプやイブラヒーミーヤの小さな居間で今日でも耳にすることができるであろう。中流階級の婦人であるプラクシノアが所在なさそうに椅子にもたれていると、友だちのゴルゴが訪ねてくる。

ゴルゴ　プラクシノア、いる?
プラクシノア　まあ、ゴルゴじゃない。これはこれはお珍しいこと。あたしはいつだって居りますことよ。お珍しいのはあんたのほう。(女中を呼ぶ)エウノア、お椅子をお出ししてちょうだい。クッションもね。
ゴルゴ　あら、すてきなお椅子だこと。
プラクシノア　とにかくお座んなさいな。

ゴルゴ　まったくもう、頭がおかしくなりそうだわ。プラクシノア、あたしはね、やっとの思いでここまで辿り着いたんですからね。すっごい人込みでしょ、車でしょ、軍人さんの長靴でしょ、軍人さんの外套でしょ、おまけに行けども行けども着かないし。ほんとにあんたったら、とんでもない所へ引っ越したもんだわ。

プラクシノア　うちのノータリンの亭主がいけないのよ。わざわざこんな地の涯の、こんな掘っ立て小屋みたいな家に引っ越したのは、お隣りさんから離れるためなの。ほら、いつもの焼きもちよ。

ゴルゴ　ちょいとちょいと、子供の前で亭主の悪口はだめよ。ほら、あんたを睨んでるわ。(子供に向かって)まあ、かわいい坊やだこと。大丈夫よ、ママはパパのお話をしてるんじゃないのよ、ね、お利口さんだからわかるわね、すてきなパパよね!

プラクシノア　このあいだもうちの宿六ったら——なんだか毎日このあいだって言ってるみたい——とにかくこのあいだもうちの宿六ったら、バッカルさんのところへソーダを買いに行って、お塩を買ってきちゃったのよ。図体ばっかりでかくって、どうしょもない役立たずよ。
ゴルゴ　そりゃ、うちのだっておんなしよ、このあいだも――。

（アンドリュー・ラング英訳）

しかし、頭がおかしくなりそうではあるが、ゴルゴは再び街へ出なくてはならない。今日は復活祭すなわちアドニスの復活祭であり、特別出演の歌手も呼ばれて王宮内ですばらしい祭礼が行なわれるのだ。プラクシノアも思いきって出かけることに決め、刺繍を別にしても「少なくとも八ポンド」はかかっているドレスでばっちりめかしこむ。やっと支度ができると坊やが泣き出す。坊やもお祭に行きたいのだ。しかしママは、「どうぞ泣きたいだけお泣き。あんたに大ケガさせるわけにはいきませんからね」と言って、代わりに召使いのエウノアを連れてゆく。街は大変な人出で、彼女たちは（今日のギリシャ婦人と同じく）エジプト人を怖がり、いつもへまばかりしているエウノアは危うく馬に踏み殺されそうになる。王宮門での押し合いへし合いは一段と凄まじく、プラクシノアの一張羅のモスリンのヴェールが引き裂かれ、やっぱり坊やを連れてこなくてよかったと、あらためて神さまに感謝する。親切な紳士の助けがなかったら、とても中へは入れなかったろう。しかし、王宮に一歩足を踏み入れるやそこは別世界、見るもの聞くものそれは素晴らしいものばかり。垂れ幕はと見ればあたかもアルシノアが、あのプトレマイオス二世の王妃アルシノアが注文したかと思われる絢爛豪華さ。そして、聖堂にはアドニスの像がある。ああ、美わしの少年の頬に萌えいづる柔毛よ！ 女どもは恍惚として静まりやらず、復活の讃歌にもなかなか耳傾けようとしない。しかしこの讃歌において、テオクリトスはその天才のもうひとつの面、すなわち「アレクサンドリア派」の詩人として天才を披露する。彼はもはや楽しい写実派ではなく、学者詩人であり、主題はもちろん愛である。

ああ、ゴルゴイ、イダリオン、エリュクスを愛せし女神よ、黄金とたわむれしアフロディテよ、見よ、女神のために、黄泉《よみ》の国よりアドニスは蘇りたり。花婿はいまだ幼き少年にして、その接吻あくまで優しく、口元は黄金の柔毛におおわれたり。ああ、アドニスよ、人は言う、この世とハーデスの流れと、ふたつながらに訪れしはアドニスのみなりと。かのアガメムノンにしてこれを成し得ず、憤怒のアイアス、ヘカベの長子ヘクトル、さてはパトロクロス、トロイアより帰還せしピュロス、そしてさらなるいにしえの英雄たちも、ついにこれを果たさざりしなり。ああ、アドニスよ、いざ、恵みを垂れん。われらが来たるべき年を祝福されん。御身の復活は祝福なり、御身の帰還は祝福なり。

せっかくの美しい讃歌だけれど、ゴルゴが言う。「でも、そろそろ帰らなくちゃ。うちの亭主、お夕飯がまだなの。お夕飯を待たされると、そりゃあ機嫌が悪いのよ」彼女たちは蘇った神に挨拶をして、家路につく。

テオクリトスには羊飼いと羊の群れを歌ったものが多く、この楽しいエイデュリオンは彼の本領を示しているとは言えない。しかしこの第十五歌は、アレクサンドリア文学にたいする彼の偉大な貢献であり、プトレマイオス朝時代の人々の生活をうかがう貴重な資料でもある。歴史はあまりに戦争と王様の記述が多すぎる。この第十五歌はその誤りを正してくれた。文学を通してのみ過去は蘇るのであり、ここでテオクリトスは、写実と詩のふたつの力を駆使して、死者の国から街全体を蘇らせ、大通りを人々でいっぱいにした。いみじくもプラクシノアが言っている。「あら、模様の人間が立ちあがって歩き出しそうよ。模様じゃないわ、生きているわ」

ムーセイオンの全盛期は、プトレマイオス朝初期三代の時代であり、それ以後は——少なくとも文学的活動においては——衰退の一途をたどる。以後数百年にわたって詩その他がアレクサンドリアで生まれはしたが、見るべきものはほとんどない。ローマ人の到来とともにその才能は新しい方向へと向かい、哲学と宗教という、これまで顧みられなかった分野で力を試すことになる。ただし、その後も文人たちのアレクサンドリア人気は衰えず、著名な作家たちのほとんどが、旅の途中でアレクサンドリアを訪れた。

b 学問

アレクサンドリアのムーセイオンにおいて、ギリシャ人ははじめてみずからの文学遺産を自覚しはじめ、過去の作品群が図書館に集められたのみならず、その整理、校訂、解釈が行なわれた。すなわち学問は、アレクサンドリア図書館長ゼノドトスに始まる。彼はとくにホメロスに注目し、『イーリアス』と『オデュッセイア』をそれぞれ巻に分け、後世の手になる詩句を削除し、疑わしいものに印をつけ、新しい読み方を提示した。その影響は学問研究全般に及んだ。それまでギリシャ語は無自覚のまま発達してきたが、これ以後意識的に研究されるようになり、その研究の成果がすなわち、紀元前一〇〇年頃に完成された最初の「ギリシャ語文法」である。ただし、文法は貴重なものではあるが危険なものでもある。当然のことながら、衒学者や教師や文学を規則ずくで考える輩が群がりはじめるからである。アレクサンドリアの文法学者たちは、自分たちの仕事はたんに過去の言葉の用法を整理することだということを忘れ、僭越にも、同時代および後世に向かって号令するに至った。以後じつに二千年にわたって続くことになる悪いお手本が、まさにこのとき生まれたのである。もうひとつの疑問符つきの恩恵であるギリシャ語のアクセントもまた、ムーセイオンの産物である。実際、今日われわれが知っているあらゆる学問が、そして、あの学者の言葉遊びという奇妙な副産物までが、このムーセイオンで生まれた。たとえばある学者は、鳥のかたちになる詩を書いたし、双頭の斧のかたちになる詩を書いた先生もいる。はては、S（Σ、シグマ）の字を一字も使わずに『オデュッセイア』全巻を書き直したという大先生までいる。こうしたムーセイオンの衒学的な言葉遊びは宮廷にまで感染し、プトレマイオス王みずからがこれに興じた。ソシビオスという名の学者が、まだ給金を頂いておりませぬと、プトレマイオス二世に訴え出たところ、王は答えて曰く、「そちの名は第一音節はソテルで始まり、第二音節にはソシゲネス、第三音節にはビオン、そして最後の音節にはアポロニオスがおる。予はすでにこの四人に給金を払うてある。したがって、そちにはとうに支払い済みじゃ」

c 美術

見るべきものはない。アレクサンドリアには、たとえばガラス製品、テラコッタ、「エジプト王妃の陶器」[20]、織物といった独自の産業があり、貨幣鋳造所はとりわけ有名であった。しかし、創造的な芸術家を求めるならば海の向こうに頼るほかなかった。美術においては、宗教のようにギリシャとエジプトの融合という幸福な事態は起こらなかった。いろいろな試みはなされたが注目するほどのものはなく、全体として、ヘレニズム時代の一般的な傾向に従った。すなわち、理想美や抽象美の追求からは離れ、肖像画や優雅さや絵画的な美しさへと向かった。人々は宗教的にも政治的にも多くの夢を失い、それぞれが自分の個人生活と、自分が愛した人々の墓を美しく飾ることに相努めたのである。

d　哲学

同じく見るべきものはない。プトレマイオス家はムーセイオンに威厳を与えるために、アリストテレスの二流どころの弟子を何人か招いたが、哲学にはあまり興味はなく、じつのところこれを嫌っていた。思想の自由につながる恐れがあったためであり、アレクサンドリア哲学が華々しく活動を始めるのは、王朝が滅んでのちのことである（第三章「哲学都市」参照）。

e　科学

プトレマイオス朝においては、文学よりも科学のほうがはるかに栄えた。王家の神権を批判される心配のない科学のほうを、王たちが好んだからである。科学の分野におけるその全面的な資金援助は、王家最大の功績であり、アレクサンドリアを後々の世まで有名にすることとなった。科学は古代ギリシャにおいても研究されていたけれど、あくまで散発的なものであり、横のつながりもなく研究所もなく、重要な発見や推測が行なわれても、人々には知られぬままに忘れ去られてしまう危険があった。ムーセイオンの創設はこの状況を一変させた。王家の庇護のもとにあらゆる設備を与えられた科学は飛躍的な発展をとげ、人類に貴重な恩恵を施すことになった。この観点からみると、紀元前三世紀は文明史上最も偉大な――あの十九世紀以上に偉大な――時代である。幸せや知恵をもたらしたというのではない。科学はけっしてそういったものをもたらしはしない。しかし、自然界をつぶさに調査研究し、人類に多くの力を与えてくれた。数学も、地理学も、天文学も、医学も、すべてが現在のロゼッタ通りと海のあいだの、このささやかな土地で大人になったのである。われわれにしかるべき感謝の念があるならば、すぐにでも記念碑のひとつくらいは建つはずである。

(1) 数学

数学は、ユークリッド(エウクレイデス)の不滅のしかし謎に包まれた生涯をもって始まる。ユークリッドについてはほとんど何も知られていない。事実、今日彼の名前を聞いても、まず思い浮かべるのはひとりの人間ではなく、幾何学という学問である。しかし、ユークリッドはかつてたしかにこの世に存在し、プトレマイオス二世フィラデルフォスの時代にムーセイオンの地を踏み、浅はかな質問をした王にむかって、「幾何学に王道なし」と言上《ごんじょう》した。なかでも彼がこの地で著わした『ストイケイア（幾何学原論）』は、それまでのギリシャ数学の知識を集大成したもので、ほとんど今日に至るまで世界中の幾何学の教科書となっている。ここで彼は、以後七百年間続くことになる数学の一派をおこし、最後までその指導者でありつづけた。たとえば円錐曲線の研究で新分野を拓いたペルガのアポロニオスは彼の直弟子であり、ヒスピクレスは彼の十三巻の『ストイケイア』にさらに二巻を加え、テオン（殉教者ヒュパティアの父）は『ストイケイア』を校訂して現在のかたちにした。つまりアレクサンドリアの数学は、最初から最後まで彼を中心に動いていたわけである。言い伝えによると、ユークリッドはごく平凡な男で、かつ大変なはにかみ屋であり、フィラデルフォス王に喰らわしたあのひじ鉄砲は、きわめて例外的なことであったらしい。

(2) 地理学

地理学にはふたりの大物がいる。すなわちエラトステネスとクラウディオス・プトレマイオスであり、とりわけエラトステネスは偉大であった。彼は万能型の天才だったらしく、科学のみならず文学の方面でも傑出していた。前二七六年[21]にキュレネで生まれ、カリマコスの死に伴ないアレクサンドリアに招かれ、のちに図書館長となった。彼が地球の全周の測定を行なったのは、このムーセイオンの観測所においてであり、この測定はアレクサンドリア科学最大の偉業とは言わないまでも、われわれを最高に興奮させることはまちがいない。彼の測定法はこうだった。まず、地球が丸いということは知っていた。そして、上エジプトのアスワンでは、夏至の日の正午の太陽が影を落とさないということも聞いていた。ところが、同じ経度で、そのずっと北に位置しているアレクサンドリアでは影を落とした。そこで、アレクサンドリアの影の角度を測定すると、七・二度すなわち、円周の五十分の一であった。ということは、アレクサンドリアからアスワンまでの距離は、地球の円周の五十分の一でなければならない。彼はアレクサンドリアからアスワンまでの距離を五〇〇マイルと算定し、その結果、地球の全周は二五〇〇〇マイル、直径は七八五〇マイルという結論に達した。直径の誤差はわずか五〇マイルである。[22]科学がこのような勝利をおさめながら、人類が

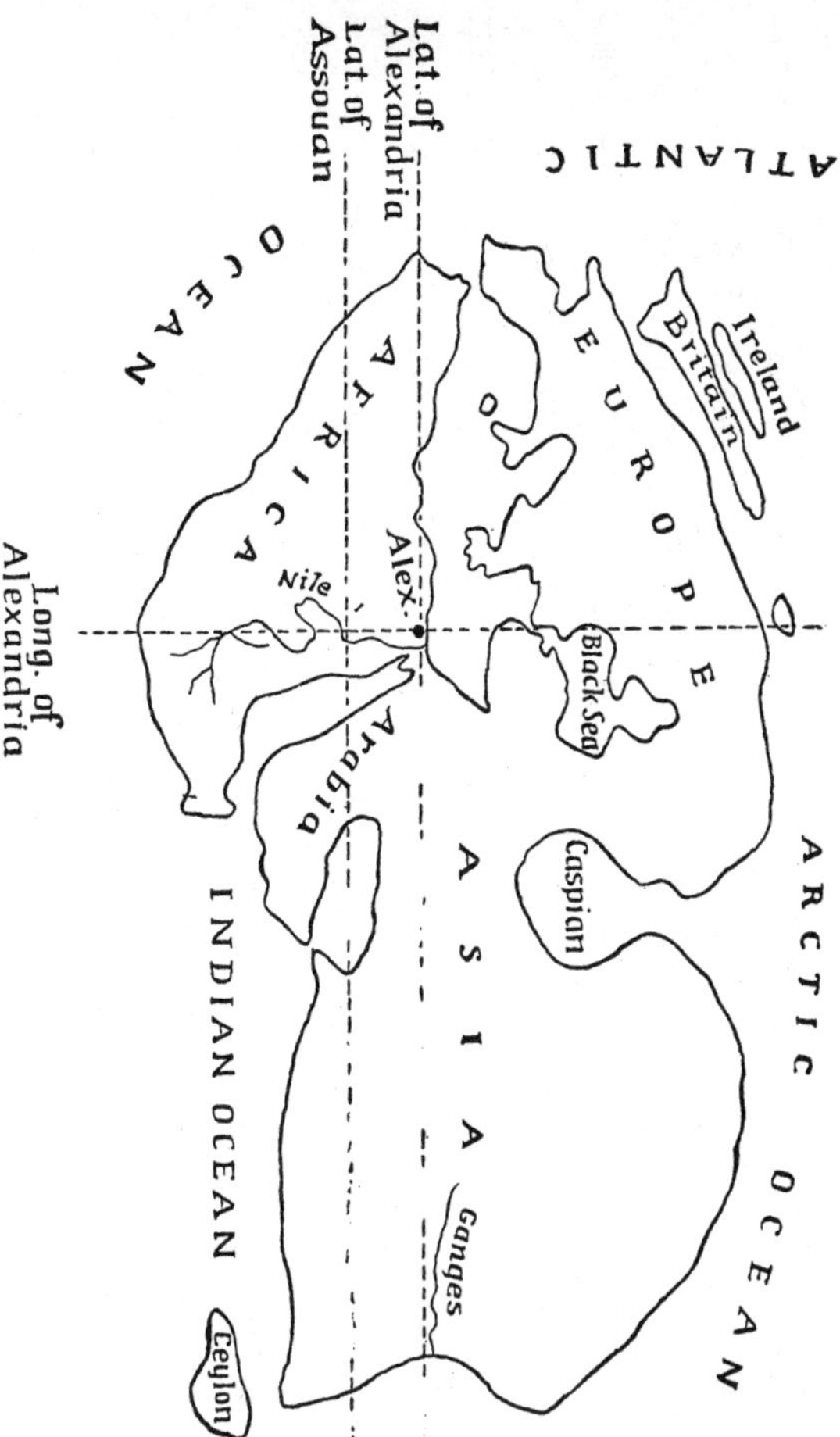

エラトステネスの世界地図（B.C. 250）

このあと再びお伽話と野蛮な世界へと逆戻りすることになるとは、さても不思議な話である。

エラトステネスのもうひとつの大仕事は『ジオグラフィカ（地理学）』である。ユークリッドの『ストイケイア』がそれまでの数学の知識を集大成したものであるのにたいして、これは地理学の知識を集大成したものである。『ジオグラフィカ』は三巻から成り、当時知られた限りでの世界地図が付されている（七十九頁参照）。もちろんずいぶん不正確なもので、たとえば大ブリテン島は大きすぎるし、インドは半島になっていないし、カスピ海は北極海とつながってしまっている。しかし、この地図には科学精神が貫かれている。エラトステネスが間違いなくこうだと思った世界であり、かくあるべしと思った世界ではない。わからないものは何ひとつ書き入れず、これを空白のまま残すことを恥としない。彼が知っていた事実だけに基づいて作成され、もしその後にわかったことがあれば、喜んで訂正していたことだろう。

もうひとりの偉大な地理学者クラウディオス・プトレマイオスは、ずっとあとの時代すなわち二世紀に活躍するが、ここで扱ったほうが都合がよい。おそらくはプトレマイオス家の末裔と思われるが、生涯については何も知られていない。しかしその名声はエラトステネスをはるかに凌ぎ、彼の時代にはさらに多くの科学的事実が判明していたから当然ではあるが、学問的知識の点でもはるかに優っていた。しかしながら、その仕事には科学精神の衰退が認められる。プトレマイオス作成の世界地図（八十三頁）をご覧頂きたい。一見したところ、エラトステネスの地図よりも数段すぐれ、カスピ海の誤りは訂正され、新しい国々（たとえば中国）が加えられ、さらには原語による名称も多く書きこまれている。しかし、ひとつの重大な誤りがある。アフリカを想像上の大陸へと延長し、さらには中国とつなげてしまった。これはたんなる彼の空想の産物であり、ごていねいにもその空想の大陸に、町や河の名前まで書きこんでいる。この重大な誤りは誰にも訂正されぬまま、以後数百年にわたって、インド洋は陸に囲まれているものと信じられることとなった。すなわち、すでに探究の時代が終わり、権威の時代が始まっていたのであり、アレクサンドリアにおける科学精神の衰退期が、キリスト教の勃興期とぴったり符合するというのはまことに興味深い。

(3) 天文学と暦

天文学もまた、地理学と同じ道をたどる。すなわちエラトステネスのもとで科学的探究が行なわれる前期と、クラウディオス・プトレマイオスがその成果を整理し、かつ私見をもって後世に号令する後期とに分けられる。たとえば、「地球の回りを宇宙がまわっている」とプトレマイオスが宣言したために、このいわゆる「天動説」が、ガリレオ登場までのすべての天文学者に採用され、かつ、教会の大喝采によって強力に支持されることになった。ところがじつは、プトレマイオスは無視したけれど、それ以前にすでに別の見解が打ち出されていた。エラトステネスと同時代にアレクサンドリアで活躍したサモスのアリスタルコスは、地球が太陽の回りをまわっていると主張した。この見解が公認されず、中世の正統たりえなかったのはたんなる偶然に過ぎない。著作が失われたため、アリスタルコスの論拠は不明だが、紀元前三世紀に仕事をした彼が確かな論拠をもち、権威の助けを借りていないことだけはまちがいない。プトレマイオス朝の天文学は、(「ベレニケの髪」のエピソードを別にすれば)きわめて真摯な営みであった。

暦。今日われわれが使っている暦もまた、アレクサンドリアにおいて出来あがったものである。古代エジプト人は一年を三六五日と計算していたが、実際は三六五・二五日であるため、やがて絶望的な狂いが生じた。たとえば、公式の収穫祭と実際の収

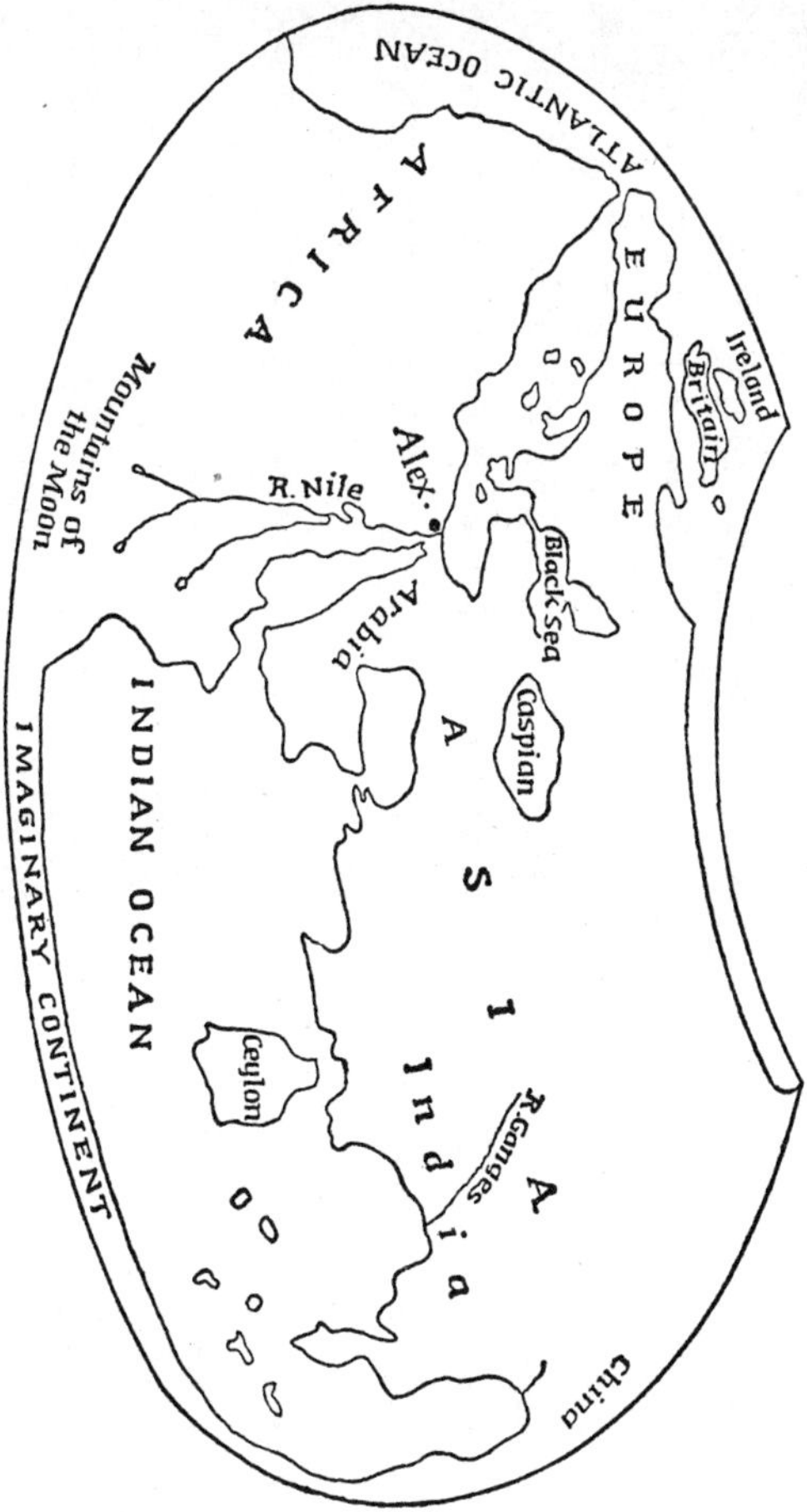

プトレマイオスの世界地図（A.D. 100）

穫日が一致するのは、千五百年にたったの一度しかなかった。彼らはこの矛盾に気づいてはいたけれど、慣習に従いこれを変えようとはせず、この問題はアレクサンドリアに持ち越された。紀元前二三九年、プトレマイオス三世エウエルゲテスの幼い姫が死に、カノポスのセラピス神殿の神官団は、彼女を女神と崇めるようお触れを出した。悲しみの中にあってなお改革者たることを忘れぬ王は、そのとき同時に、現在のように四年ごとに閏年を置くよう命じて、暦の改正を図った。すなわちエジプトの伝統と、ギリシャの科学との調和を試みたのである。この試みはしかし、きわめてアレクサンドリア的であるが失敗に終わった。神官団がお触れを出しても、民衆が頑として旧習を捨てなかったからである。王の改革の意図が浸透するには、ユリウス・カエサルのエジプト到着を待たねばならない。カエサルはこの「アレクサンドリア暦」を公式に採用し、これをもとに「ユリウス暦」をつくった。「ユリウス暦」は今日でもヨーロッパで（年代学や天文学に）用いられている。一年はともに三六五・二五日だが、ただし「アレクサンドリア暦」は、十二カ月すべてを三十日とする古代エジプトの暦月法を守った。

(4) 医学

紀元前三世紀に活躍したエラシストラトスが、アレクサンドリア医学の栄光をほとんどひとりで担っている。若い頃にはすぐれた開業医であり、すでに性的問題と神経衰弱との関係に気づき、晩年はムーセイオンに落ち着いて研究に専念した。動物と、そしておそらくは犯罪人の生体解剖を行ない、血液の循環機能を発見する一歩手前まで行っていたと言われる。

科学精神ではこれにはるかに劣るものとして、アレクサンドリアとカノポスの両セラピス大神殿で生まれた治癒信仰があり、この信仰は、保護者を変えてキリスト教時代までつづいた。

第二章　キリスト教時代

ローマの支配（前三〇〜三一三）

ローマ帝国の初代皇帝となったオクタウィアヌス（アウグストゥス）は、アレクサンドリアをひどく嫌い、クレオパトラを倒すとさっそく現在のラムラ付近に、ニコポリス（勝利の町）という新都を建設し、また、支配階級のローマ人が彼の許可なくエジプトに立ち入ることを禁じた。当地の異常な宗教熱がモラルの頽廃を招くおそれがあるという理由だったが、ほんとうの理由は経済的な問題であった。すなわち、エジプトからの穀物の供給を掌握することによって、ローマの飢えた民衆を支配せんと考えたのである。エジプトはローマのほかの属州と性格を異にし、皇帝の直轄下に置かれ、これを統治する長官も皇帝みずからが任命した。アレクサンドリアは皇帝私有の巨大な穀物倉庫と化し、農民たちから物納された年貢穀物が、船積みのためにすべてここに集められた。ひどい搾取の時代であった。オクタウィアヌスはエジプトではプトレマイオス家の聖なる後継者を装い、デンディラやフィラエのヒエログリフにも顔を出しているが、エジプトの王であることに興味があるわけではなかった。

彼の死後、事態は好転した。彼によって象徴される因業苛酷な共和政体は帝政ローマへと移行し狂気の時代に入ったが、しかし以後二百年にわたって地中海世界に平和をもたらした。アレクサンドリアもまた、その恩恵にあずかった。たとえばユダヤ人の反乱という新たな難題は、ローマ皇帝カラカラによるその大虐殺というかたちで解決され、また、インドとの関係改善（一一五年トラヤヌス帝により紅海運河が再開された）によって新たな市場を獲得し、そして美術愛好家の歴代皇帝たちは、上《かみ》エジプトの古代遺跡見物の途次必ずこの地を訪れた。

二五〇年頃になると、帝国内の例にもれずアレクサンドリアも再び平和を乱される。所詮人類は、平和を楽しむべくつくられてはいないのだろうか、そろそろ妬みと不満があたりにたちこめはじめた。異民族が帝国の国境を脅かし、内では反乱や暴動が相次ぎ、さらに歴代皇帝の悩みは、宗教問題によっていっそう複雑化した。彼らはおもに政治的理由から、努めて自分たちを神格化してきた。ほかならぬエジプトが彼らに授けた知恵である。支配者を神格化してこそ、野蛮と分裂を防ぎ国をまとめることができると、彼らは信じた。だからこそ皇帝たちは、万人に自分たちを崇拝するよう命じたのである。しかるにその抗議の火の手が、ほかならぬアレクサンドリアから上がろうとは、いったい誰が予想したであろうか。

キリスト教共同体

エジプト教会の伝承によると、キリスト教は聖マルコによってはじめてアレクサンドリアに伝えられた。西暦四五年、マルコはアニアヌスというユダヤ人の靴職人を改宗させ、六二年、アニアヌスはセラピス崇拝に抗議して殉教の死を遂げた。この伝承を確認する手立てはない。当初の活動はすこぶる地味なもので、お上の規則に反抗するようになるまでは当局もほとんど関心を払っていなかった。その教義は、母胎であるユダヤ教と、土地の宗教との混合であった。たとえば、ハドリアヌス帝が一三四年にアレクサンドリアで書いたとされる手紙には、「キリスト教徒はセラピス神を崇拝し、司教と称する連中がセラピス神に仕えている」とあり、聖マルコの後継者たちが、いかに曖昧な印象を周囲に与えていたかが知れる。手紙はつづけて言う。「集団としてはすこぶる煽動的で、自尊心が高くかつ執念深い。個人としては、おおむね裕福で商売繁盛、ガラス職人、紙職人、布職人など、怠け者はひとりもいない。その唯一神は特別のものではなく、キリスト教徒やユダヤ人のみならず、国じゅうの者がこれを崇拝している。この連中の品行が改まらんことを祈る」

共同体は監督または司教のもとに組織され、やがて主教の職が設けられ、エジプト各地の司教を任命した。初期の活動の中心地は以下のとおりである。

①シルシラ岬の東の海岸にあったものと思われる聖マルコの小礼拝堂。これはのちに大聖堂となった。

②テオナス主教が二八五年に聖母マリアに捧げた大聖堂。これは現在フランシスコ教会があるドック付近にあった。

③「教理問答学校」と呼ばれる神学校が二〇〇年頃に創設され、アレクサンドリアのクレメンスやオリゲネスが校長をつとめたが、場所は不明。

共同体の存在が知られるようになったのは、ハドリアヌス帝の言葉を借りれば、その「品行の悪さ」ゆえ、すなわち、皇帝崇拝の拒絶ゆえであった。国家の理不尽な精神的要求にたいして、キリスト教徒は個人の良心の要求をもって対抗し、両者の闘争は、国家みずからがキリスト教徒になるまで続いた。闘争はアレクサンドリアにおいて頂点に達したため、したがってアレクサンドリアは、われこそが新しい宗教のために闘いかつ勝利をおさめた者であると、帝国内のどの町よりも誇れるかもしれない。最初は気まぐれ的に行なわれていた迫害は、デキウス帝のもとでしだいに激しくなり、三〇三年のディオクレティアヌス帝の大迫害（教会の破壊、キリスト教徒の官僚は全員罷免、非官僚のキリスト教徒は全員奴隷、等々）において頂点に達した。ディオクレティアヌス帝は有能な支配者であり（「ポンペイウスの柱」と誤って呼ばれている大円柱は、じつは彼の顕彰記念柱である）、個人的怨みから迫害を行なったわけではなかったが、結果は劣らず凄まじいもので、帝国にたいする決定的な不信を招くこととなった。九年間に十四万四千人が殉教死を遂げたとするエジプト教会の推定を鵜呑みにする必要はないけれど、あらゆる階層を合わせればそれくらいの命が失われたかもしれない。その犠牲者のひとりに聖メナスがいる。マレオティス湖西部の砂漠地方の守護聖人となった若いエジプト兵で、その墓の上に大きな教会が建てられた。アレクサンドリアのカタリナもまた、ディオクレティアヌス帝のもとで殉教死を遂げたと伝えられるが、果たして実在の人物かどうかは疑わしい。彼女も、彼女を轢き殺した車輪の話も、ともに西方カトリック教会の創作物であり、受難の地とされるアレクサンドリアも、フランス人にたいする礼儀上彼女の存在を認めているにすぎない。ともあれ、迫害は失敗に終わり、国家は敗れ、勝ち誇るエジプト教会は、キリスト生誕の年ではなく「殉教者の年」(二八四年)を、自分たちの暦の元年と定めた。数年後、コンスタンティヌス大帝がキリスト教を公認し、これをもって外からの脅威は終わりを告げた。

アリウスとアタナシウス(四世紀)

キリスト教のためにあれほどの苦難に耐えたアレクサンドリアが、その勝利の悦びを共にし、キリスト教寛容の勅令が発布されるや再び市に幸運の女神がほほえみ始めたと思うのは、けだし当然であった。異教主義の拠点としてのローマの威信は失墜し、かのアントニウスの時代のように、ナイル河畔のアレクサンドリアが再び帝国の一大首都となるやに思われた。が、その望みは打ち砕かれた。用心深いコンスタンティヌスは、過去の記憶といっさい無縁なボスポラス海峡に新都を建設するのが安全と考えた。しかしなお、アレクサンドリアは精神的な首都であり、少なくとも、キリスト教を解放へと導いたアレクサンドリアが引きつづき先頭に立ち、こんどは神のもとへと、仲良く平和に彼らを導いてくれるものと思われた。が、その望みもまた打ち砕かれた。憎しみと苦悩の時代が近づいていた。異教国家と同様の組織化が進むと、教会内の教理の対立も進み、四世紀になると、とりわけ強力なふたりの聖職者のあいだに派手な論争が展開された。

ふたりともアレクサンドリアの生まれであり、年長のアリウス（アレイオス。リビア生まれとも言われる）は、聖マルコ教会（シャトビィ付近の海辺にあったとされる教会で、福音伝導者マルコ殉教の地とされている）の司祭をつとめていた。博学かつ誠実、長身にして簡素な衣服をまとい、弁舌すこぶる巧みな彼は、敵からは蛇のごとき男と恐れられ、神学的な意味においてではあるが、七百人の乙女の貞操を奪ったと陰口を叩かれた。これに相対するアタナシウスは、まずは聖テオナス教会の下の海岸

（現在の西港の海岸）で、子供たちと陽気にたわむれる少年として登場する。少年は洗礼式ごっこに興じていたのだが、むろん聖職についていたわけもなく、洗礼を施す権利もなかった。たまたま主教館の窓からこの光景を目にした主教がやめさせようとしたが、なんぴとといえども聖アタナシウスに命令することはできなかった。彼は遊び仲間の子供たちに洗礼を施しつづけ、その早熟ぶりに感心した主教は、少年の洗礼を正式に認め、ついにはこの精力的な少年神学者を秘書に迎えた。肉体的には、アタナシウスは膚浅黒く小柄ではあったが、あくまで頑健にして物腰はすこぶる丁重であった。すなわち現在でもエジプトの街でよく見かけるタイプである。その人柄については、歳月の埃をかぶってほとんどうかがうことができないが、英雄的な人気は博したものの、けっして人に好かれるタイプではなかったことはまちがいない。しかし、その力たるや絶大なるものがあった。神学者として何が真実かを知り、政治家としていかにその真実を世に知らしめるかを知り、まさにその生涯は、緻密さと精力絶倫、自己犠牲と狡猾さとの絶妙な混合物であった。

アリウスが口火を切ったその論争は、キリストの本性に関する問題だった。教理上の論争の趣旨はのちほど（一三八〜一四五頁）検討するとして、ここでは外面的な結果だけを見ておくことにする。コンスタンティヌス大帝はむろん神学者ではなく、ほんとうにキリスト教徒であったかどうかさえ疑わしいが、教理の対立が帝国を分裂の危機に陥れている事実を知って驚きあわて、まずは同胞愛に訴える書面をしたためたが、これが無視されると、三二五年、黒海沿岸のニカイアに論客たちを招集した。二五〇人の司教と多くの司祭が出席し、ごうごうたる論戦のうちにニカイア信条（一八九頁、付録Ⅲ参照）が採択され、アリウスは追放処分となった。そのときはまだ輔祭にすぎなかったアタナシウスはアレクサンドリアに凱旋し、ほどなくして当地の主教となった。しかし、彼の苦難の道はまだ始まったばかりであった。依然として寛容主義の望みを捨てきれぬコンスタンティヌスは、アリウスの追放処分を解くようアタナシウスに頼んだが、アタナシウスはこれを拒み、みずからが追放の身となった。

彼は生涯に五たび追放に処せられている。すなわち三三五年に正統派のコンスタンティヌス、三三八年と三五六年にアリウス派のコンスタンティヌス、三六二年に異教徒ユリアヌス、そして死の直前にアリウス派のウァレンティニアヌスによって、それぞれ追放を命ぜられた。そして、あるときはリビア砂漠に潜み、あるときはローマやパレスティナへと逃れながら、彼はキリスト教世界にその苦難の足跡を鳴り響かせた。

二度ほど教会で死の危険に見舞われたこともある。一度は行列聖歌を歌いながらカエサレウムを出て行こうとしたときで、運よく別のドアから敵が侵入してきた。もう一度はある晩、聖テオナス教会で、アリウス派の兵士の一団が乱入する直前に祭壇から逃れた。そのたびに彼は無事生還し、アリウスよりも長生きするという無上の喜びを味わった。そのアリウスは、ある晩友人とアレクサンドリアの街を散歩中に、路上で倒れて果てた。非宗教的な時代に生きるわれわれにはしかし、アタナシウスのこうした勝利もなぜか空しく響き、神学者版オデュッセウスの乾からびた身を引きずって生き延びるよりは、アレクサンドロス大王のごとく早世を惜しまれるほうがずっといいように思える。しかしアタナシウスは、おそらくはみずからが望んだと思われる不朽の名声を獲得した。不屈の努力の甲斐あって、教会はキリストの本性に関する彼の見解を最終見解として認め、謝意を表して彼を博士と認定し聖人の列に加えた。アレクサンドリアでは彼の名前を記念する大きな教会が、カノポス通りの北側に建てられた。現在はその敷地の一部にアッターリーン・モスクが建っている。

修道士の支配（四、五世紀）

テオフィロス
キュリロス
ディオスコロス

アタナシウスの偉業ののち、アレクサンドリア主教の権威は強大なものとなった。エジプトは、形式上はあくまでもローマ帝国の一部であり、コンスタンティノープルから総督と駐屯軍が派遣されていたが、実際には、主教とその僧兵たちによって支配されていた。修道士たちはばらばらに生活しているあいだは取るに足らぬ存在であったが、四世紀頃になると大共同体を形成するに至り、今日のベドウィン族のごとくときおり文明社会を脅かすようになった。これらの共同体のひとつ（「エンナトン共同体」）は、アレクサンドリアからわずか九マイルのところで生活し、そのほかはさらに西の、マレオティス湖の砂漠地方で生活していた。ワディ・ナトルーンにはまだその遺跡が残っている。修道士たちは多少は神学の知識や装飾工芸の技術を身につけていたが、文明を極度に嫌い、思考能力にも欠け、彼らが崇拝する英雄は、婚礼の晩に妻を捨てた聖アメンや、水浴を罪と考えデルタ地帯の運河を天使によって運ばれた聖アントニウスなどであった。こうした連中を募って、主教の親衛隊が形成された。

四世紀初頭に公認されたキリスト教は、四世紀末にはすでに強制的なものとなり、修道士たちはこの大義名分のもとにセラピス信仰に攻撃をしかけた。古代プトレマイオス朝のセラピス神殿には、哲学、魔術、学問、淫蕩など、じつにさまざまなものが避難していた。アレクサンドリア主教テオフィロスが攻撃の陣頭に立ち、三八九年、カノポス（現在のアブキール）のセラピス神殿が破壊され、二年後にはアレクサンドリアの大神殿も破壊された。とりわけ後者の破壊は凄まじく、神殿を囲む回廊に納められていた図書館の蔵書もことごとく焼き払われ、跡地には修道院が建てられた。異教徒迫害はさらに続き、四一五年のヒュパティア虐殺において頂点に達する。ヒュパティアの個人的な業績については、そのうら若き乙女ぶりと同様、誇張のきらいがないではない。彼女はムーセイオンで数学を教えていた中年婦人であり、いちおう哲学者でもあったけれど、その学説をうかがう記録はない。修道士たちはいまや天下に怖いものなしという存在であり、ある修道士などは帝国派遣の総督を殺害し、その功績のおかげでキュリロス主教によって聖人の列に加えられた。キュリロス配下の野蛮な黒い僧兵たちは、「僧に非ずんば人に非ず」とばかりに大通りを闊歩し、さて修道院へ引きあげる前に、なにか神を喜ばす土産はないかとうずうずしていた。ちょうどそんなとき、おそらくは現在のナビー・ダニエル通りにあたる道を、講義から戻ってきたヒュパティアに出くわした。修道士たちは彼女をカエサレウムへと連れこみ、そこで彼女をタイルで八つ裂きにした。彼女自身はけっして偉人ではないけれど、しかし彼女とともに、ギリシャ精神は死んだ。ひたすら真実の発見と美の創造につとめ、アレクサンドリアを建設したギリシャ精神は、このとき死んだのである。

修道士たちにはしかし、もうひとつの面があり、彼らは民族運動の中核となっていた。現代的な意味での民族意識が存在していたわけではない。まだ愛国主義の時代ではなく、宗教の時代である。しかし宗教の仮面の下に、民族感情が潜んでいなかったとは言えない。修道士たちがヒュパティアを虐殺したのは、彼女が異教徒であるのみならず、外国人だったからである。彼らはつまり反ギリシャ主義者であり、のちに彼らとその信者たちは、コプト教徒と呼ばれるようになった。「コプト」とはすなわち

「エジプト」という意味である。コプト語は古代エジプト語から派生し、その文字は、ギリシャ語のアルファベットに、ヒエログリフから採られた六文字を加えたものである。この新しい運動は、国際都市アレクサンドリアをも含むエジプト全土に浸透し、神学上の教理論争においても独自の見解を打ち出し、ついにはコンスタンティノープルに反旗を翻すに至った。

その教理は「キリスト単性論」として知られている。キリストの本性に関するこの教理の趣旨はのちほど（一四〇～一四一頁）検討するとして、ここでは同じく外面的な結果だけを見ておくことにする。キュリロス主教の後継者で甥でもあるアレクサンドリア主教ディオスコロスが、「単性論者」の最初の英雄であり、かつ、コプト教会の事実上の創設者である。四五一年、皇帝は強硬手段に訴え、コンスタンティノープル近くのカルケドンで開かれた公会議においてディオスコロスは追放され、その教義は異教の烙印を押された。そしてこれ以後、エジプトにおけるギリシャ人の身の安全は保障されなくなった。プトレマイオス家の努力によって回避されてきた人種的対立が、このときついに表面化したのであり、その対立は現在もなお続いている。まもなく、アレクサンドリアはふたりの主教を戴くことになった。一方はカルケドン信条を奉ずる正統派すなわち「皇帝派」の主教であり、皇帝によって任命され、教会の歳入のほとんどを管理していた。しかしこの主教は、エジプト人にたいして精神的な支配力はなく、エジプト人にとって彼は、僧衣をまとった忌まわしきギリシャ官僚にすぎなかった。そしてもう一方は、カルケドン信条に反対する単性論者すなわちコプト教会派の主教であり、清貧かつ頑固一徹にして、民衆にすこぶる人気のあるエジプト人修道士であった。ふたりの主教は、共にわれこそが聖マルコとその唯一の真の教会を代表していると主張した（現在のアレクサンドリアでは、ひとりの主教がこれを代表している）。ときおり皇帝は分裂の修復を試み、コプト教会の教義にたいするさまざまな譲歩案を提出したが、しかし分裂は人種的な問題であり、譲歩は神学上の問題であったため、何の効果もなかった。かくして帝国側のエジプトの守りは、わずかにギリシャ人の駐屯軍だけとなり、アラブ人の侵入が始まるといとも簡単に征服されてしまった。

アラブ人の征服（六四一）

いよいよ破局の時が近づいた。その詳細は劇的ではあるが混乱を極めている。破局は東ローマ帝国のヘラクリウス帝治下に訪れたが、まずはこの皇帝の奇妙な生涯に目を向けなくてはならない。

ヘラクリウス帝は有能かつ繊細な人物であった。すこぶるつきの繊細にして、その行動は精神状態によって大きく左右され、あるときは英雄かつ偉大な統治者であり、あるときは無気力な隠遁者であった。六一〇年、彼は武力によって帝国を手に入れたが、やがてその反動で無気力に陥り、ほとんど一戦も交えずに、シリアとエジプトがペルシャ人に占領されるに任せた。アレクサンドリアは裏切りによって陥落した。ペルシャ軍は艦隊を持たなかったため、市の海側は安全であり、陸も巨大な城壁に守られて難攻不落であった。メクス付近に陣取ったペルシャ軍は修道院を焼き払ったが、それ以上の手出しはできなかった。ところが、ペテロという名の外国人の学生がペルシャ軍と接触し、市の地理上の秘密を洩らしてしまった。当時は市の運河が西港から現在のマフムディーヤ運河の北へかけて走り、カノポス通り（ロゼッタ通り。現在のシーディ・ミトワッリー通り）には橋が架けられ、その下を運河が通っていた。運河の港側の出口は無防備であったため、ペテロの忠告に従い数名のペルシャ兵が水夫に変装して小舟で侵入し、カノポス通りで上陸して西へと向かい、月宮門を開いて軍勢を迎え入れた。六一七年のことである。アラブ人の支配は寛大なものだった。彼らは太陽崇拝者であったが、正統派のキリスト教徒もコプト教徒も迫害しなかった。五年間ヘラクリウス帝は何もしなかった。それから無気力を払い落として奇跡を演じた。小アジアのペルシャ軍に迫ってこれを破り、かつてイェルサレムから奪われた聖十字架を取り戻した。アレクサンドリアとエジプトは解放され、聖十字架称賛の祝日（これを記念する皇帝のコインもつくられた）には、皇帝はさながらキリスト教国の守護聖人であり、世界の支配者であった。この得意の絶頂にあるときに、マホメット（ムハンマド）という聞きなれぬアラブの指導者《シャイフ》の使節が訪れ、皇帝の勝利を祝福し、「平和の教え」とやら、「イスラム教」とやら称する新しい宗教に帰依するよう勧めた。皇帝がいささかなりと耳傾けたとは思われないが、しかしすこぶる丁重にこれを追い払ったと伝えられる。このアラブの使節はアレクサンドリア総督のもとへも派遣され、総督もまた丁重に、ロバ、ラバ、金貨一袋、バター、蜂蜜、それにコプト人の娘ふたりを土産に持たせて追い返した。娘のひとりマリアは、このアラブの指導者《シャイフ》に気に入られ妻のひとりとなった。(23) こうした友好関係のうちにイスラム教とのつきあいが始まった。

いまや権力の絶頂にあり、精力的な精神状態にもあったヘラクリウス帝は、つづいて宗教問題の解決に乗りだした。帝国は物理的にも精神的にも一体であるべきであり、とりわけ、エジプトにおける長年の争いに終止符を打たねばならないと考えた。彼は頑固者ではなかった。寛容の精神を信じ、正統派とコプト教会派(すなわちカルケドン信条の支持派と反対派)の双方を満足させる教義を模索した。が、不幸な模索であった。いっそ何もしないほうがましだった。彼がようやく探しあてた教義「キリスト単意論」は、ひどく曖昧で誰も理解できなかったうえ、その解説者に選ばれた男は皮肉な威張り屋で、これを人に理解させようという気持ちすらなかった。この男が、ときにムカウカスとも呼ばれたキュロスであり、エジプトとアレクサンドリアの邪悪な天才であった。キュロスはアレクサンドリア主教兼エジプト総督に任命され、六三一年に赴任したが、調停はおろか教義の説明すらろくに行なわず、コプト教徒を迫害し、コプト教会主教の殺害をも企て、その支配が十年に及ぶと、すでにエジプト陥落の機が熟していた。アレクサンドリアはギリシャの駐屯軍に守られ、現在のカイロの南にあった「バビロン城塞」と、そしてデルタ地帯にも兵が駐屯し、海には艦隊が控えていた。しかし、民衆の大部分は駐屯軍に敵意を抱いていた。ヘラクリウス帝は自覚していなかったが、その支配はすこぶる圧制的なものであり、キュロス主教兼総督が皇帝に送った報告はいずれも真実に程遠く、実際ほとんど注意も払われていなかった。ヘラクリウス帝はイスラム教という新たな脅威におびえ、ペルシャ人の侵入のときと同じく再び精神的無気力に陥っていた。シリアと聖地が再びそしてこんどは永遠に帝国から失われた。健康も精神も損なわれたヘラクリウス帝はかろうじてコンスタンティノープルへ逃げ帰り、そして死の直前に、エジプトも陥落したという知らせがキュロス主教によってもたらされた。

いきさつはこうである。アラブの将軍アムルが四千騎の兵を率いてエジプトに攻め入った。アムルは偉大な将軍であるのみならず、すぐれた行政官であり、楽しい友であり、詩人であり、すなわちイスラム教世界が生んだ最も有能かつ魅力的な人物のひとりであった。どの時代に生きても際立った存在であったろうが、神学によって硬直化した時代にあっていっそう輝きを増していた。現在のポート・サイドの海岸沿いにエジプトに侵入したアムルは、すばやくナイル河をのぼり、ヘリオポリスの会戦で帝国軍を破り、バビロン城塞を包囲した。城塞のなかにはキュロス主教がいたが、皇帝同様彼の人格もすでに崩壊していた。土着のエジプト人がアラブ人に抵抗しないことは彼も承知していたし、そして、もはやキリスト教も先が見え、その複雑さがイスラム教の単純さの前に滅びる運命にあると、多くの同時代人と同様彼も感じていたかもしれない。本来は皇帝が批准すべき講和条約を、彼は独断で結んでしまった。ヘラクリウス帝は激怒しキュロス主教をコンスタンティノープルへ呼びつけたが、しかし遅かりし、アレクサンドリアを除くエジプト全土がすでに異教徒の手に渡っていた。

アレクサンドリアだけはたしかに安全であった。まず、アラブ軍には船がなかった。アムルは勇敢な将軍ではあったが、船をつくる気持ちだけはなかった。「じっと動かぬ船を見ると胸が張り裂け、動きだした船を見ると想像力が怯えてしまう。船に乗ると人間の力は萎み、災いが増す。船内の人間どもは丸太にすがる虫けらの群れであり、丸太が転がれば全員溺れてしまう」とアムルは書き残している。こういう敵であったから、アレクサンドリアとしては海側は絶対安全であり、陸はといえば、当時の軍事科学の粋を尽くした壮大な城壁を前にして、敵はなすすべもなかった。アムル軍は強力ではあったが砲兵隊をもたず、純然たる騎兵隊であった。したがって、南東からアムル軍が攻め来たり、現在のヌズハ・ガーデン付近に陣を張るのが見えても何ら脅威ではなかった。しかもキュロス主教もコンスタンティノープルから戻り、カエサレウムで大々的な礼拝式を催して、キリスト教徒たちに戦闘態勢に入るよう号令をかけていた。まったくもって、これでなぜアレクサンドリアが陥落したのか不思議でならない。物理的な理由は皆無であった。敢えて言うならば、アレクサンドリアは魂不在のために陥落したのだとでも言うほかない。キュロス主教は二度目の背信行為に出た。バビロン城塞のときと同じく再び独断でアラブ軍と講和条約を結び（六四一年十一月八日）、帝国駐屯軍はアレクサンドリアから撤退してしまった。アムル将軍は厳しい条件は出さなかった。残虐行為も政治的駆け引きもアムルの好むところではなかった。市民は市にとどまるも去るも自由であり、とどまる者は税さえ納めれば、いかなる宗教を奉じようと自由であった。

年が明けてアムル将軍は、カノポス通りの東端を閉じる太陽門から凱旋行進を行ない、アレクサンドリアに入った。破壊されたものはほとんどなかった。大理石の柱廊が前方に伸び、左手にはアレクサンドロス大王の霊廟がそびえ、右手にはファロスの大灯台がさらに高くそびえ立っていた。アムルの感受性豊かにして寛大な心は、さぞや感動を覚えたろうと思われるが、しかし彼がアラブの指導者《カリフ》に送った報告書は、きわめて散文的なものだった。「このたび占領せる町については、四千の宮殿、四千の浴場、四百の劇場、千二百の青物商、四万のユダヤ人を有せる町とのみ、ご報告申しあげます」と彼は書き送った。アラブの指導者《カリフ》もまた同じ平静さでこの報告を受けとり、使者には褒美として、食事一回分のパンと油と数個のナツメヤシの実を与えただけであった。この無関心ぶりに深い意味はない。アラブ人にはその戦利品の値打ちが理解できなかったのである。アッラーの神が自分たちに強大な都市を与えてくれたということくらいはわかったかもしれないが、しかし、それが世界に類のない貴重な都市だということも、ギリシャの科学がそれを建設したということも、そしてそこが、知的なキリスト教哲学発祥の地だということも、むろん知る由もなかった。おぼろげなアレクサンドロス大王の伝説や、さらにおぼろげなクレオパトラの伝説は、すこしはアラブ人の心を動かしたかもしれないが、しかし彼らに歴史感覚はなく、この地で何が営まれてきたのか、そしてなぜ、ふたつの港を持つこの都市が、湖と海のあいだに建設されるに至ったのか、理解できるわけもなかった。それゆえアラブ人は、ちょうど子供が時計をこわすように、アレクサンドリアを破壊するつもりはなく破壊した。以後一千年以上にわたって、アレクサンドリアの活動は停止したのである。

この征服劇の概略の説明を終えるにあたって、一、二の点をつけ加えなくてはならない。アラブ人によるこの征服はきわめて人道的なものであり、財産にたいする破壊行為はいっさい行なわれなかった。アラブ人が破壊したとされてきた図書館は、すでにキリスト教徒によって破壊されていた。ただし、数年後に多少の破壊が行なわれた。帝国艦隊の支持をうけた市が反乱を企て、アムル将軍はこんどは武力によって市に攻め入らざるを得なかった。大虐殺が行なわれ、和睦によって彼がようやくこれを鎮め、「アムルのモスク」または「慈悲のモスク」が虐殺の地に建設された。エジプトの支配者としてアムルはこれをよく治めたが、彼の関心は忌まわしい海岸にはなく内陸にあり、バビロン城塞の近くに、新都すなわち現在のカイロ市の始まりであるフスタートを建設した。これ以後すべての活動がこの地に集中する。アムルもまたこの地で死んだ。死の床にあるアムルにむかって友人が言った。「きみは聡明な人物の臨終に立ち会って、その心境を聞いてみたいものだとよく言っていた。では、私がきみにその質問をしよう」アムルは答えた。「天が大地に迫り、私はその間に横たわり、針の目から息をしているようだ[24]」この対話には、われわれを新しい世界へといざなう何かが感じられる。アレクサンドリア人同士ではけっして交わされることのなかった会話であろう。

以上が、キリスト教時代におけるアレクサンドリアのおもな、いわば形而下的事件である。ではいよいよもうひとつの、より重要な、形而上的アレクサンドリアの考察に戻らなくてはならない。

第三章　哲学都市

序

クレオパトラが死にエジプトがローマ帝国の属州となったとき、アレクサンドリアの歴史も終わるやに思われた。その歴史はプトレマイオス家を中心として展開し、プトレマイオス家の建築、学問、詩歌で飾られてきた。その王家なくして、いったい何が残るだろうか。アレクサンドリアはたんなる一属州の首都であった。しかし、都市のエネルギーはそれだけでは計れない。王たちが与えることもできなければ奪い去ることもできない輝きもあり、アレクサンドリアは外的な独立を失ったとき、その埋め合わせとして内なる王国を発見した。ユダヤ人、ギリシャ人、キリスト教徒という三様の市民が、同じような形而上学的問題に魅せられ、同じような解決法を試みた。

問題　これらアレクサンドリアの思想家たちは、古代ギリシャの先人たちとちがい、神は存在しないかもしれない、とはけっして考えなかった。神が存在することは、当然の大前提であり、問題は、神と世界、とりわけ神と人間、の関係であった。はたして神は、人間に近い存在なのだろうか？　はるかに遠い存在なのだろうか？　もし近い存在ならば、なぜ神は無限で、永遠で、全能でありうるのだろうか？　そして、もしはるかに遠い存在ならば、なぜ神は人間などに興味を持つのだろうか、いや、そもそもなぜ、わざわざ人間などつくったのだろうか？　彼らは、神が遠く、かつ、近い存在であることを願った。

解決　こうした問題を、原始社会ではふたつの神を持つことによって解決する。すなわち、気に入らなければ打ち砕いてしまう偶像としての神と、天におわすはるかな霊としての神であり、その両者の関係について突きつめて考えようとはしない。文明化したアレクサンドリア人は、このような幼稚な考えを受け入れるわけにはいかなかった。そこで彼らは、神と人間のあいだに中間的な存在を想定し、それが世界をひとつに結び、神は遠い存在であると同時に、近い存在でもありうることを保証してくれると考えた。彼らはこの中間的存在をさまざまに名づけ、かつ、さまざまにその神性と力を想定した。しかし、彼らは哲学の分野においては科学的とは言えず、むしろ神秘的傾向が強かったため、やがて神の存在と同様、この中間者の存在をも確信するに至った。そして、ひとたびこの精神に安らぎを与えてくれる世界解釈を思いつくと、その真偽を糺すために立ちどまるようなことはしなかった。

この前置きを念頭に、いよいよアレクサンドリアの三つの大きな思想の流れを見てみよう。

ユダヤ人

『セプトゥアギンタ（七十人訳聖書）』（前二〇〇頃）

「ソロモンの知恵」（前一〇〇頃）

フィロン（キリストとほぼ同時代）

ユダヤ人の本拠地はイェルサレムであり、この地で彼らはヤハウェ（エホバ）信仰を展開し、その唯一神を祭る神殿を建設した。しかし、アレクサンドリアが建設されると、すぐにその儲け口の多い魅惑的な都市へと移住をはじめ、現在のイブラヒーミーヤ付近にユダヤ人街を形成するに至った。やがてギリシャ語しか知らない世代が生まれ、彼らのためにヘブライ語聖書のギリシャ語訳が必要となってきた。そして伝説によると、七十人の学者《ラビ》が、プトレマイオス二世フィラデルフォスの命によりファロス島の七十の小屋に閉じこめられ、やがて七十のまったく同じギリシャ語訳の聖書をたずさえて一斉に現われた。これが有名な『セプトゥアギンタ（七十人訳聖書）』である。ただし、実際には多年にわたる仕事であり、ようやく完成を見たのは紀元前一三〇年のことである。

しかし、その新しい世代はすでに言葉のみならず精神的にもギリシャ人であり、イエルサレムの保守派のユダヤ教徒とはますます別な人種となっていった。両者ともヤハウェを崇拝していたが、アレクサンドリアのユダヤ人は祖国の神の野暮ったさと近寄りがたさをしだいに意識するようになり、やがて信仰に思索が加わった。ヤハウェと人間を結ぶことはできないものだろうか？　そして、聖書からいくつかの暗示を得ると、最初の試みとして、「ソロモンの知恵」と呼ばれるすばらしい文学を生みだした。現在それは「アポクリファ（外典）」におさめられている。作者の名前は不明だが、作者はこれをギリシャ語で著わしたのみならず、ストア派やエピクロス派の哲学ならびにエジプトの密儀にも通じ、アレクサンドリアの国際的な教養を身につけていた。そして彼は、アレクサンドリア風に問題の解決を試み、ヤハウェと人間のあいだに中間的存在を想定し、これをソフィアとか知恵とか呼んだ。

知恵はいかなる運動よりも速く、その純粋さゆえに一瞬にして万物を貫く。たったひとりですべてのことを成し得、いかなる時代にも聖なる魂に入り込み、神の友と預言者を生む。知恵は太陽よりも、そしていかなる星よりも美しい。光と比べても、知恵のほうがはるかにすぐれている。なんとなれば、光のあとには夜の闇が訪れるが、知恵は永遠に悪に負けることはないからである。

こうした一節にみられる知恵とは、たんなる聡明さ以上のものであり、すなわち深淵に橋を架け、人間が神と交わる手助けをする仲介者である。

フィロンにおいて、アレクサンドリアのユダヤ教哲学は頂点を迎える。その生涯についてはほとんど知られていないが、兄がアレクサンドリアのユダヤ人共同体の幹部であり、彼自身も四〇年に、共同体を代表する不運な使節として、狂えるローマ皇帝カリグラのもとへ赴いている。

正統派ユダヤ教徒であるフィロンは、旧約聖書の言葉で哲学上の問題を説く。「われは在る者なり」とヤハウェは言った。すなわち、「存在する」ということ以外、神について言えることはない。神にはいかなる属性も、いかなる欲求も、いかなる形も、いかなる住《す》み処《か》もない。われわれは神を「神」と呼ぶことすらできない。なんとなれば、「神」とは言葉であり、いかなる言葉も神を説明することはできないからである。そして、神を人間と見なすことは、すなわち「大海よりも大きな過ち」を犯すことである。神は在る、そして、それ以上のことは何も言えない。けれども、このはるかなる存在はわれわれをつくりたもうた。いかにして、そして、なにゆえにつくりたもうたのだろうか？

「ロゴス」すなわち「言葉」を通してつくりたもうた。フィロンの言うこのロゴスとは、深淵に橋を架ける仲介者としての「知恵」に似たものである。ロゴスは神の存在の外的表現であり、世界を創造し、かつ、支える。ロゴスを説明するために、フィロンは現実の信仰上の言葉を用い、預言者イスラエルとか、聖霊とか、最も奥深き場所に住める者とか呼んでいるが、ロゴスとはもちろん「ヨハネ伝福音書」の冒頭を想起させる言葉であり、もしかしたらフィロンが直接影響を与えているかもしれない。「はじめに言葉《ロゴス》があった。言葉《ロゴス》は神とともにあった」とフィロンもまた書いたかもしれない。しかし彼には、「言葉《ロゴス》は神であった」とか、「言葉《ロゴス》は肉体となった」とか書くことはできなかったであろう。人間と神をつなぐ仲介者は神でもあり人間でもあると考えるのは、のちほど見るようにキリスト教独自の考え方である。

このロゴスの教義によって、フィロンはヘブライのヤハウェを、アレクサンドリアのユダヤ人たちにも理解出来かつ受け入れられるものとした。それは旧約聖書には見られぬ教義であり、これを引きだすために彼は多くの比喩的解釈を行ない、しばしば言葉の自然な意味を歪曲しなければならなかった。そのために彼の哲学には、どこか窮屈で控え目な雰囲気がつきまとい、その真の崇高さが曇らされている。しかしときおり彼はこの束縛から脱し、真実に至る道は比喩ではなく「見る力」であると、高らかに宣言している。いわく、「見る力ある者は目を天に向け、マナすなわち聖なるロゴスを見つめる。見る力なき者は地のタマネギを見る」彼の死後、アレクサンドリアのユダヤ人は哲学の分野では見るべき仕事をしていない。彼の仕事を受け継いだのはギリシャ人とキリスト教徒である。

新プラトン主義

プロティノス（二〇五?～二七〇?）
ポルピュリオス（二三三?～三〇五?）
ヒュパティア（四一五没）

プトレマイオス家はムーセイオンのスタッフの一員として、ギリシャの哲学者を何人か招いたが、いずれも二流の人物であった。哲学が根づき、新プラトン主義という妖しい白い薔薇が花開いたのは、プトレマイオス家が滅び、市もまた衰退の一途をたどりはじめてのちのことである。それはプラトンの哲学から発展した。六百年前にプラトンは、われわれが住む世界は理想の世界の不完全な複製品にすぎないと、アテナイの地で説いた。彼はほかにもいろいろ説いたけれど、アレクサンドリアの「新プラトン派」はとくにこの教えを追求し、崇高かつ神秘的な世界へとこれを高めた。プラトンが哲学者としてこの世界をどう考えたにせよ、市民かつ詩人としての彼はこれを大いに楽しみ、「対話篇」にその楽しい言葉の数々を残している。新プラトン派はもっと論理的だった。この世界が不完全なものであるならば、当然これを無視すべきと考え、その著作から日常生活への言及をいっさい排除した。時間と場所から解放された彼らは、さながら肉体を離れた霊のごとき存在であり、われわれは彼らの著作をつぶさに検討したのち、ようやく彼らもまた人間であることに、いや、彼らこそ典型的なアレクサンドリア人であり、アレクサンドリアは彼らのなかに最高の表現を見いだしたのだということに気づく。

新プラトン派はアンモニオス・サッカスに始まる。彼ははじめ波止場の運搬夫でありキリスト教徒であったが、プラトンの研究に専念するためにこれを捨てた。その教えについては何も知られていないが、ロンギノス、オリゲネス、そしてとりわけプロティノスというすぐれた弟子を育てた。プロティノスはおそらくアシュートで生まれた。おそらく、である。本人が語ろうとしなかったため、確かなことは誰にもわからなかった。彼によると、魂が肉体を持つことは大いなる不幸であり、これについて語ることを好まなかったのである。アレクサンドリアでの勉学を終えた彼は、さらにペルシャ思想（ゾロアスター教）やインド思想（ヒンドゥー教、仏教）に触れるために、ペルシャ遠征軍に参加した。さぞかし変な兵隊だったろうし、実際のところ結果は思わしくなく、遠征軍は敗退し、プロティノスは肉体を持つという不名誉から危うく解放されるところであった。難を逃れた彼はローマへ赴き、哲学を講じながらこの地で生涯を終えた。生真面目な人柄と学問にもかかわらず彼はローマで人気者となり、身につけた霊的超能力によって、自分の哲学の究極目標である「神秘的合一」を四たび体験したばかりか、奴隷に盗まれたさる貴婦人の首飾りを発見するという、文字通りの超能力ぶりも発揮した。著作には関心がなく、彼の死後、弟子のポルピュリオスが師の講義ノートをまとめ、九篇ずつの論文集六巻すなわち『エンネアデス』として公刊した。『エンネアデス』は論文の配列に問題があり、しばしば意味不明な箇所も見られるが、そこにはたしかな論理的思想体系があり、ともかくもその解説を試みなくてはならない。アレクサンドリア哲学最大の遺産であることはまちがいないし、神と人間の結びつきという、あのおなじみのアレクサンドリア的主題を扱っている。

　フィロンやキリスト教徒と同じく、プロティノスもまた神の存在を信じ、その神は三つの階層をもつ。ために、彼は三位一体説の信奉者ではないかと思われかねないが、しかしキリスト教の三位一体説とはだいぶ異なり、かつ、はるかに難解である。第一位の最高位のものを、彼は「一者《ト・ヘン》」と呼ぶ。「一者」とはすなわち、「一なること」であり「一なる者」である。ほかに言いようはなく、存在する、とすら言いがたく、フィロンのヤハウェよりも理解しがたい。いかなる属性も、いかなる創造的力もなく、ひとえにわれわれの憧憬の究極目標としての善なる者である。しかしそれは、創造することはできないが、ちょうど泉のように流出し、その流出によって、第二位のものすなわち「知性《ヌース》」が生まれる。「知性」はわれわれの存在と遠いつながりを持つため、「一者」よりはやや理解しやすい。それはあらゆる物ではなくあらゆる思考を含む宇宙精神であり、思考することによって創造する。それは第三位のものすなわち「魂《プシュケー》」を思考し、かくして「魂」が生まれる。そしてこの魂とともに、われわれはようやく理解可能な領域へと近づく。魂はわれわれが知る世界の形成原理であり、われわれが理解できるものはすべてこの魂によって創造される。まずギリシャその他の神々がつくられ、半神、鬼神とつづき、しだいに程度が下がってわれわれ人間や動物や植物や石がつくられる。われわれにはきわめて重要と思われる自然界は、じつは魂の最後の弱々しい流出であり、この流出をもって創造的な力は終息する。そしてこの一者、知性、魂という三つの階層は、ともに一なる存在すなわち神を構成する。神は一なる存在における三者であり、かつ、三者における一なる存在であり、そしてすべての創造物の究極目的である。

これだけでは、プロティノスの体系は難解なばかりか、何らの魅力も感じられないかもしれない。そこでもうひとつの、もうすこし感情的な面に目を向けなくてはならない。すべてのものは神から流出するだけではなく、それらはまた神へと返ろうと努める。すなわち、全世界は善へと向かおうと努める。われわれはすべて、石までが、その自覚はなくとも神の一部である。そして人間の究極の目的は、潜在的にそうであるように、現実に神になることである。それゆえ、現在の生におけるよりも未来の生においてさらによく神を見ることができるようにと、再生が許される。そしてそれゆえに、現在の生においても神を垣間見ることができるようにと、神秘的心眼が許される。神はわれわれ自身であり、われわれの真の自己である。『エンネアデス』の数少ない文学的一節において、プロティノスの文体は思索の昂揚を見せ、その神秘的心眼がいかにして得られるかをわれわれに教えている。

しかし、われわれは何をすればよいのだろうか。その道はどこにあるのだろうか。万人の目に映ずる俗なる道とは無縁な聖域に住まわれる、その遥かなる美を見るには、どうすればよいのだろうか。

「なつかしい故郷へ帰ろうではないか[25]」これは正しい忠告である。しかし、どのように帰ればよいのだろうか。どのように大海へと漕ぎ出せばよいのだろうか。故郷とはすなわち、われわれがかつていた場所であり、父なる神がおわすところである。

では、われわれはどのような道を、どのようにして帰ればよいのであろうか。これは足を使う旅ではない。足はわれわれを陸から陸へと運ぶにすぎない。このようなものどもは捨てて顧みないようにしなくてはならない。そして目を閉じ、万人が生まれながらにして持ちながらほとんど使われることのない、もうひとつの目をめざめさせなくてはならない。

自分の内へと入って見つめるのがよい。そして、それでもまだ自分が美しいと思えないなら、美しい彫像をつくる人間のように振る舞うがよい。彼は美しい顔ができあがるまで、ここを削りあそこを磨き、この線を軽やかにあの線を美しくと、納得のゆくまで仕事をつづける。

自分がその完璧な彫像となったと思ったとき、そして、自分が純粋な自己自身となり、もはやその内なる調和を乱すものがなくなったとき、すなわち、自分が自分の内につくりあげた完璧な彫像となったと知ったとき、きみはまさに心眼そのものとなったのである。そのときこそ、自信をもって、もう一歩踏み出すがよい。もはや導きは要らない。もう一歩踏み出すがよい。もはや導きは要らない。全神経を集中して見るがよい。

これこそ、大いなる美を見る唯一の目である。しかし、いざ見ようとする目が、悪や不浄や弱さのために曇っていたならば、目と鼻の先にあるものでさえ見ることはできない。いかなるものを見るにせよ、まず、見るものである目が、見られるものと同類のものとならなくてはならない。目は太陽のようにならなければ太陽を見ることはできないし、魂は美しくならなければ美を見ることはできないのである。

（S・マッケンナ英訳）

この崇高な一節から三つのことがうかがわれる。それを指摘してプロティノスの解説を終えることにしたい。まず第一に、きわめて宗教的であり、この点で典型的なアレクサンドリア哲学である。第二に、行為と訓練を重視する。神秘的心眼は魔術によって得られることはなく、見る資格のある者のみが、見ることができる。そして第三に、自分を見ることと、神を見ることは、じつは同じことである。それを知る者にとっては、両者はともに神だからである。そしてここに、プロティノスとキリスト教の大きな違いがある。キリスト教の約束は、人間は神を見ることができる、ということであり、新プラトン派の約束は、（インドの教えと同じく）人間は神になることができる、というものである。おそらくプロティノスは、アレクサンドリアの波止場で、ヒンドゥー教徒の商人たちと言葉を交わしたことであろう。いずれにしても、彼の体系はインドの宗教思想と多くの類似点が見られ、彼はギリシャの哲学者の誰よりも東方の思想に近づいている。

プロティノスの敬虔な弟子であるポルピュリオスは、自身すぐれた哲学者であり、新プラトン派は四世紀の終わりまで栄えつづけ、その特色は変わることなく受けつがれた。すなわち、現実世界および現実の人間に関しては悲観的であったが、未来に関しては楽観的であった。なんとなれば、世界と世界にあるすべてのものは神から流出したものであり、かつ、神へと戻る手立てを与えられていたからである。そして、悪の存在は認めはしたが、その永遠の存在は認めなかった。これは信奉者たちにとって現実的な心の支えであり、最後の信奉者であるヒュパティアもまた、これを精神的支えとして殉教の死を遂げた。

わたしがあなたとあなたの教えを思うとき
わが敬愛のヒュパティアよ、わたしはただ跪き
乙女座の輝く故郷を見つめる。天を見て、
わたしはあなたの善行と完璧な教えを知る

さかしらな知識に汚されぬ、あの星を見て

(R・A・ファーネス英訳)

名も知れぬ彼女の崇拝者は五世紀初めにこう歌った。彼女の著作は何も伝わっていないけれど、しかし彼女とその父テオン(アレクサンドリア図書館の最後の館長)とともに、プロティノスの輝かしい伝統がアレクサンドリアの地で息絶えたことを、すでにわれわれは知っている。

キリスト教

I 序

ユダヤ人共同体から徐々に広まっていったキリスト教は、一世紀頃にエジプトの地に辿りついたが、そこではすでに、ふたつのまったく異なった宗教的生活が営まれていた。

ひとつは、四千年以上にわたってナイル河流域の土地に根づいてきた、古代エジプトの宗教的生活である。それはあまりに長い年月生きつづけてきたため、キリスト教はその神殿を閉じることはできても、それを人々の心から根絶することはできなかった。五穀豊穣の神として崇められる、冥界の王オシリス神の復活。わが子ホルスを抱く慈愛にみちたイシス女神。悪神セトを討つ若武者ホルス。神々が不死の象徴として持つ「アンク（輪付き型十字）」。これらのシンボルは土着のエジプト人たちの心にしっかりと根を下ろし、主教の命令ぐらいでとうてい取り除けるものではなかった。したがって、昔の信仰に逆戻りする例もしばしば見られ、たとえば四八〇年メヌティス（現在のアブキール付近）において、数名の村人たちが自宅で古代の神々を崇拝しているのが発見された。そしてまた、古い宗教が知らぬまに新しい宗教に入りこむという混乱も生じた。もしかしたらキリスト教は、復活や霊魂不滅の教義を、そして聖体の秘跡を、オシリス信仰から借用したのではないだろうか。そういった指摘がなされてきた。キリスト教がその象徴的表現や民衆芸術の多くを借用していることはさらに確実である。ホルスを抱く女神イシスは、イエスを抱く聖母マリアとなり、セトを殺すホルスは、竜を殺す聖ジョージとなり、「アンク」は、そのまま輪頭十字架としてキリスト教徒の墓石を飾り、さらにはわずかに形を変えて、柄付き十字架としても使われている。

もうひとつの宗教的生活は、アレクサンドリアにおいて営まれていた。おもにギリシャ的かつ哲学的な、その特色についてはすでに述べた。キリスト教はそもそもはパレスティナの名もなき貧しい民衆に説かれたものであり、けっして哲学的なものではなかった。ところが、アレクサンドリアに渡るとたちまちその性格を変え、まったく新しい出発をすることになった。アレクサンドリア人は高度な教養を持ち、地中海世界のあらゆる知識をたやすく学ぶことができる図書館を持ち、その信仰は必然的に哲学的なかたちを取った。神と人間の関係というお気に入りの問題と取り組んでいた彼らは、ユダヤ人とギリシャ人にたいして発した同じ質問を、すなわち、神と人間をつなぐものは何かという質問を、すぐに新しい宗教にも投げかけた。フィロンはロゴスと言い、プロティノスは流出と言った。そして新しい宗教は、「キリスト」と答えた。アレクサンドリア人にとって、この答は、何ら驚くべきものではなかった。キリストもまた言葉《ロゴス》であり、そして、父なる神から生まれた。キリストにおける神の顕現とか、受難を通しての人間の救済といった観念でさえ、神としての王に慣れ、プロメテウスやアドニスの神話に親しんだアレクサンドリア人にとっては、けっして目新しいものではなかった。アレクサンドリアのキリスト教は、正統派も異端派も、ともに「神と人間の関係」という、アレクサンドリアの異教思想にはおなじみの問題をめぐって論争を展開した。

というわけでキリスト教は、雷《いかずち》のごとくに突然エジプトあるいはアレクサンドリアを襲ったわけではなかった。すでに心構えができている耳にこっそり忍びこんだのである。民衆的な面においても哲学的な面においても、それは何ら特別な宗教ではなかった。ローマ帝国政府の神性を否定したために、ただ政治的な面において、革新的宗教として目立ったにすぎない。

II グノーシス（覚知）主義

セリントス（一〇〇頃）
バシレイデス（バシリデス）（一二〇）
ヴァレンティヌス（一四〇）

グノーシス主義は、世界と人間は不幸な失敗の産物であると説いた。神はわれわれをつくりはしなかったし、つくりたいとも思わなかった。われわれをつくったのは、自分を最高神と誤解した下級神デミウルゴスであり、われわれははじめから堕落する運命にあった。しかし、神はわれわれの存在に責任はないけれど、これを憐れみ、デミウルゴスの無知を挫き、われわれにグノーシス（覚知）を与えるためにキリストをつかわした。すなわちキリストは、神とあの不幸な失敗である人間を結ぶ仲介者である。

グノーシス主義者たちはそれぞれこの考えを中心に据えて議論を展開した。アレクサンドリアで教育をうけたセリントスは、イエスは人間であり、キリストは死してその肉体を離れた霊であると説いた。シリアからきたバシレイデスは、律法の時代はユダヤ教以前とユダヤ教とキリスト教の三期に分かれ、それぞれの支配者には子がいて、子は父よりもよく神を理解すると説いた。オフィス派は、エデンの蛇はじつは神の使者であり、世界創造神デミウルゴスに背くようイヴを導いたのだとして、蛇を崇拝した。したがって、善なる者になりたければわれわれはまず悪なる者でなければならない。これはまた、道筋はちがうけれど、ギリシャの島に「愛の家」を組織したカルポクラテスが到達した結論でもあった。これらはいずれも、あまり感心しない山師たちである。しかし、グノーシス派のひとりであるウァレンティヌスは彼らと一線を画し、その哲学は、アレクサンドリアには珍しく悲劇的な性格を帯びている。

おそらくはエジプト人であり、アレクサンドリアで教育をうけ、おもにローマで教えを説いたウァレンティヌスもまた、創造は誤りだとするグノーシス主義的教義を奉じていたが、彼はさらに、その誤りがなぜ生じたかを説明しようとした。彼はまず、聖なる調和の中心として最高神を想定し、この最高神が自己の顕現のために、何組かの男女をつかわしたと考えた。それぞれの組はいずれも前任の組に劣り、第十三組の女であるソフィア（知恵）は最も不完全なものとされた。ソフィアはその不完全さを、ルシファーのごとく神への反逆によってではなく、あまりに激しく神との結合を望むことによって示した。彼女は愛のために堕落したのである。[26] 聖なる調和から追放されたソフィアは物質となり、世界は彼女の苦悩と悔恨から形成される。彼女自身はキリストによって最初に救われるが、そのときにはすでにソフィアの子デミウルゴスが生まれ、デミウルゴスによってこの悲しみと混乱の世界は支配され、この世界を超えた存在を彼は知らない。この世界には、外見はまったく変わらぬ三種類の人間がいて、肉体、精神、霊魂がすなわちそれである。肉体と精神はデミウルゴスの支配下にあり、これに服従しなくてはならない。霊魂はじつは母ソフィアによって選ばれた者であり、デミウルゴスはこれを支配はするが、服従させることはできない。われわれがイエスと呼ぶキリストが最高神からつかわされ、十二使徒とともにグノーシスという秘密の教えを説いたのは、この霊魂の救済のためである。

ウァレンティヌスにおいて、アレクサンドリアのグノーシス主義は頂点に達するが、さらに東の世界では別の発展をし、一五〇年頃には地中海世界全域に広まり、正統派のキリスト教を圧倒する勢いを示した。しかしそれは、悲観的、空想的、秘教的という、この世での成功を妨げる三拍子揃った障害を備えていた。すなわちその反社会性ゆえに、いかなる社会からも公認され得ない教えであり、コンスタンティヌス帝の時代になると流行は去った。

III　正統派（初期）

アレクサンドリアのクレメンス（一五〇?〜二一〇?）

オリゲネス（一八五？〜二五四？）

アレクサンドリアの正統派は、はじめから境界線がはっきりせず、見れば見るほど周囲に溶け込んでいる。フィロンからはロゴスの教えを受けつぎ、これを手直しして、ロゴスはすなわちキリストであるとし、グノーシス主義とは、（その知識は神秘的である必要はないとしながらも）神の知識を求める点で考えを同じうし、また、「マルコ伝福音書」という自分たちの福音書を持ちながら、正典と認められないほかの福音書、すなわちヘブライ人やエジプト人による福音書（一八七頁、付録II参照）も同じように教会内で読まれ、さらにはギリシャ思想の影響も色濃く見られ、新プラトン主義者がキリスト教に改宗したりあるいはその逆になったりした。しかし、正統派の教義が示したきわだった特徴がひとつあり、それはすなわち、至高の価値を与えられたキリストの存在である。キリストは「言葉《ロゴス》」の化身であり、キリストを通してのみ、神の愛と力を「知る」ことができるとされた。

キリストの本性に関する問題は、初期の神学者たちを悩ませはしなかった。彼らの情熱は証明することであり、分析することではなかった。とめどなく書かれた著作には喜びが満ちあふれ、そのまわりくどい表現を通してさえ、同時代の不屈の殉教者たちを生みだした信仰のありようをうかがうことができる。

アレクサンドリアのクレメンスは、おそらくはアテナイ出身のギリシャ人であり、アレクサンドリア教理学校の校長をつとめた。彼の問題もまた、前代のユダヤ人たちと同じく、みずからの信仰をいかにしてこの洗練された哲学の都に紹介するかにあり、その方法は今日の進歩的な布教方法を先取りしていた。すなわち、彼はギリシャ哲学を非難しない。彼によると、ギリシャ哲学は福音書の準備段階であり、ユダヤの律法もまた準備段階であり、じつはキリスト誕生以前の出来事はすべて、その至高の出来事に至るための聖なる準備段階であった。博識かつ明晰な彼は、やがて異端の烙印を押されることになる道へとキリスト教を導いたが、しかし彼は、キリスト教を知的に高め、ギリシャ思想にまで影響を与えた。彼の著作を見ると、もしかしたら神の恩寵は、ギリシャの優雅洗練の世界と両立しうるのではないかとさえ思えてくる。

彼は神の国における最高の存在であり、神のごとく惜しみなき恵みを与え、神のごとく行ない、神のごとく教えを説くであろう。神の恵みは、万人に与えられるものだからである。

アレクサンドリアなればこそ、このような神学者が現われ得たのである。

クレメンスの仕事は、初期の教父たちのなかで最も風変わりな波瀾の生涯を送ったその弟子オリゲネスによって受け継がれた。生来は温和な学者肌の人物であったオリゲネスには、なぜか自己犠牲の本能があり、これが彼の生涯と、そして友人たちの生涯をも悩ますことになった。ホルス神と関係のある名前からもわかるように彼はエジプト人であり、キリスト教徒の子としてこの地に生まれ、幼少の折り、セラピス神殿で殉教死をとげる父のあとを追わんとした。その後しばらくは平穏な日々がつづき、母と弟たちを養い、プロティノスとともにアンモニオス・サッカスのもとで学んだ。そして、十八歳にしてアレクサンドリア教理学校の校長となり、教師としても、平信徒の説教者としても名声を高めると、みずから去勢した。すなわちマタイ伝十九・十二にあるごとく、「神の国のために、みずから進んで去勢者となった」のである。それまで彼を引き立ててくれたアレクサンドリア主教はこれを知って彼を解職し、以後聖職につくこと能《あた》わずと申しつけた。ところがほかの主教たちがこれに異を唱え、キリスト教界を二分する奇妙な論争がもちあがった。オリゲネスは恐縮し、後悔すらした。スキャンダルを引き起こすつもりなど彼には毛頭なかったし、アレクサンドリアを去るよう命じられると、おとなしくこれに従った。しかしその考えるところは、つねに異端へと向かい、プロティノスと同じように彼は霊魂の先在[27]を信じ、罰の永遠性を否定した。正統派はまさしく不承不承彼を受け入れたと言ってよい。大筋において彼は、キリスト教は過去の相続人でありかつ未来の解釈者であるという、師クレメンスの考え方を発展させ、キリストは肉体となる以前から、すなわち創造の初めから人間とともにあり、いかなる時代においても人間をその能力に応じて神と結んできたと説いた。

このように初期正統派の特色は、神と人間の仲介者としてのキリストの存在である。神を人間化してとらえる考え方であり、パレスティナの単純素朴な信仰を純化し普遍化し、かつ異教思想をも取り入れたギリシャ人学者たちの仕事であった。つぎにわれわれは、それが強化されかつ変質する姿を見なければならない。いくつかの原因によりそれは変質を余儀なくされた。たとえばエジプトでは無知な修道士集団が発生し、北アフリカでは、テルトゥリアヌスが暗い情熱を帯びた論争を展開し、コンスタンティヌスによって公認された新しい宗教は、あちこちでにわかにその攻撃的性格を現わしはじめた。しかしもうひとつ、教義自体に内在する原因があり、われわれのここでの関心はこの一点に集中する。キリストは神の子である。全員異議なし。では、キリストの本性はいかなるものであろうか？　アレクサンドリアの鋭敏な知性は、三〇〇年頃にこの質問を発し、かくしてアリウス主義の異端が生まれた。四〇〇年頃に同じ質問が発せられ、キリスト単性論という第二の異端が生まれ、そして六〇〇年頃に三たび同じ質問が発せられ、キリスト単意論という第三の異端が生まれた。つぎにこの三つの異端を順番に見ていくことにしたい。たとえ異端の烙印を押されようと、彼らの目から見れば彼らこそ正統派であり、もちろんそれぞれが、われこそは神と人間の仲介者に関する唯一の解釈者であると信じていた。

IV　アリウス主義

キリストは神の子である。すると、キリストは神より若いのだろうか？　アリウス（アレイオス）は、キリストは神より若いと考えた。すなわち、三位のうちの第一位が存在し第二位が存在しない時代があると考えた。典型的なアレクサンドリアの神学者として、人間と神の関係というお気に入りの問題と取り組んだアリウスは、その関係をすこぶる人間的なものにすることによって、問題を解決せんとした。キリストの神性は否定しなかったが、父なる神よりは下位のもの、すなわち、まったくの「同質」ではなく「同類」のもの、と彼は考えた。「同質説」のほうはアタナシウスによって唱えられ、ニカイア会議において正統と定められた。さらにアリウスにおけるキリストは、グノーシス主義におけるデミウルゴスと同じく、世界を創造した。すなわち、みずからはキリスト以外何も創造しなかった父なる神から委ねられた、創造という下位の行為を行なった。

アリウス主義が一時流行した理由は簡単である。キリストを神よりも若く劣ったものとすることによって、われわれ人間に近い存在としたからである。実際、キリストをたんなる善なる人の段階にまで下げようという傾向すら見られ、のちのユニテリアン主義を先取りしている。こうした考え方は、非神学的な精神の持主すなわち皇帝たちや、とりわけ皇后たちに大いに歓迎された。しかし、この最新流行の説を専門家の目で検討した聖アタナシウスは、これはキリストの人気を高めはするが、神を孤立させてしまうと考え、精力と憎悪の限りを尽くしてこれに戦いを挑んだ。彼の勝利については すでに述べた（九十二〜六頁）。三二五年、アリウス主義は異端の宣告をうけ、四世紀の終わりには正統派キリスト教界から完全に追放された。この古代の論争の舞台は、アレクサンドリアには何も残っていない。アリウスが司祭をつとめた聖マルコ教会はとうになく、アタナシウスが獅子吼《しく》した聖テオナス教会もカエサレウムもなく、アリウスが癲癇で倒れて世を去った通りもどこかわからない。しかしこの古代の論争は、人々の心の中でまだつづいている。人々はつねに、神における人間の存在を少しでも大きくしようと努めてきたし、もしかしたら、今日のキリスト教徒の多くがアリウス主義者であり、本人が気づいていないだけかもしれない。

V　キリスト単性論

キリストは神の子である。しかし同時に、聖母マリアの子でもある。では、キリストは神性と人性の両性をもつのだろうか、あるいは、単一の本性をもつのだろうか？単性論者たちは「単一」と答えた。彼らはキリストの受肉は否定しなかったが、キリストにおける人性はその神性に融合されたと主張した。この問いを最初に発したのはコンスタンティノープルの聖職者たちであったが、アレクサンドリアがこれを熱心にとりあげ、「キリスト単性論」はやがてエジプトの国民的叫びとなった。この異端の政治的重要性についてはすでに見たとおりであり（九十九〜一〇二頁）、ギリシャ人に反対する民族運動と密接に結びつき、エジプトはビザンティン帝国との永遠の抗争の時代に突入した。カルケドン会議において異端宣告をうけるに及び、エジプトはビザンティン帝国との永遠の抗争の時代に突入した。カルケドン会議は、キリストは両性をもち、融合も変化もせず、また、区別も分離もできないと宣言した。これが正統派の見解であり、今日の見解でもある。コプト教会とアビシニア教会は今日でもキリスト単性論を奉じており、したがって、ほかのキリスト教会との交渉はない。

VI　キリスト単意論

アレクサンドリア精神が衰えるにつれて、その異端はますます特殊なものとなっていった。アリウス主義は、聖職者だけでなく俗人にも理解できる真の問題を秘めていたが、キリスト単性論になると俗人にはあまり縁のない議論となり、そしてキリスト単意論となると、もはや神学の専門用語で説明することもむずかしくなり、ましてやふつうの常識的な言葉で説明するのはほとんど不可能となる。おそらくは粗略な説明ぶりも多く認められるものと思われるが、すでに見たように（一〇三〜〇四頁）これは、エジプトとの和解を模索する晩年のヘラクリウス帝が、なりふりかまわず苦肉の策として考え出したものである。

もしキリストが単一の本性をもつならば、もちろん単一の意志をもつ。しかし、神性と人性の両性をもつとしたならば、いくつの意志をキリストはもつのだろうか？　単意論者たちは「単一」と答えた。今日の見解でもある正統派の見解は、「人意と神意のふたつの意志をもつが、両者は一致して活動する」というものである。いずれにしても、まことに意味不明瞭な問題であり、ましてやアラブ人の侵入を控えたアレクサンドリア人が、うわの空の将軍からあわただしくこのキリスト単意論なるものを説明されても、とうてい理解できなかったであろう。しかし、この単意論にも未来がなかったわけではなく、妥協案としては失敗したけれど異端として生き延び、帝国政府によって否認され、エジプトがイスラムの手に落ちたずっとあとになっても、シリア高地のマロン派教会で大切に信奉された。

VII　結び：イスラム教

さてわれわれは、アレクサンドリアの城壁をくぐったさまざまな思想の展開を見てきた。古代ユダヤ教、プラトン哲学、そしてガリラヤのイエスの教え。アレクサンドリアはそのひとつひとつに向かって、「いかにして人間は神と結ばれうるか？」という独自の問いを発し、それぞれなんらかの答を引き出しては独自の爪跡を残した。

いや、その問いは、宗教心があれば誰もが発するはずの問いであり、アレクサンドリア人に限った問題ではない、という声が上がるかもしれないが、しかし、そんなことはない。イスラム教、すなわちアレクサンドリアを物理的にも精神的にも大海へと掃き出してしまったイスラム教によっては、それはけっして発せられることのない問いである。イスラム教徒は仲介者の不要を宣言して言う。「アッラーのほかに神はなく、マホメットは神の使徒なり」つまり、人間であるマホメットが、神の姿と神の意志を伝えるべく選ばれ、仕掛けはこれだけ、あとはそれぞれが直接神と向かい合うだけである。そして、向かい合う神は力の神であり、力の神は、正義に慈悲を加味するくらいのことはするかもしれないが、けっして愛などという軟弱な手は使わない。しかし、神はあくまで強力であるからして、たとえ遠い存在であっても、不満はまったく生じない。神は遠い存在であると同時に近い存在であってほしいという、あのおなじみのディレンマは、正統イスラム教徒には無縁である。それはまさに、神に力と愛の双方を期待する者たち、つまりキリスト教徒とその仲間たちのディレンマである。そしてこのディレンマを仲介者の概念によって解決したことは、アレクサンドリアの弱みでもあり強みでもある。弱みとはすなわち、仲介者を神に近づけすぎると人間から遠くなりすぎ、人間に近づけすぎると神から遠くなりすぎるというわけで、その位置をたえず上下させる羽目に陥ったことである。強みとはすなわち、とことん愛の観念に固執したため、おかげで、この世で最高なものこそあの世で最高なものであるはずだと考える信者たちが、あまりに空想的な哲学や、あまりに乾からびた神学に出会わずにすんだということである。

愛の放棄によって力を得たイスラム教は、アレクサンドリアが扱いかねた唯一の思想であり、実際、ほとんど手をつける隙も与えなかった。フィロンのロゴスも、プロティノスの流出も、グノーシス派のアイオーン（霊）も、そして正統派やアリウス派や単性論者や単意論者たちのさまざまなキリストも、そのすべてが、アッラーの神への信仰を混乱させる無用のがらくたとして一掃された。七世紀にアレクサンドリアに忍び寄った物質的崩壊は、同時に精神的崩壊でもあった。アムル将軍とその率いるアラブ人は狂信者でも野蛮人でもなく、現在のカイロ付近において、自分たちの新しいエジプトの建設に取りかかったが、しかし本能的にアレクサンドリアには寄りつかなかった。偶像崇拝の愚かな町だと彼らは思ったのだろう。そして、以後じつに一千年の長い沈黙がつづいたのである。

第四章　アラブ時代

アラブ人の町（七〜十六世紀）

アラブ人のエジプト征服とナポレオンによる征服の間にはさまれた、一千年以上にわたるアレクサンドリアの歴史は、政治的問題よりも地理的問題に特筆すべきものがある。人間に顧みられなくなった陸と水は、その姿を大きく変えた。アレクサンドロス大王があの世から舞い戻っても、めざす海岸はどこかわからなかったろう。

(1)　重大な変化は十二世紀に起こり、ナイル河のカノポス河口が泥でふさがれた。その結果、ナイル河の氾濫が及ばなくなったマレオティス湖にも泥がたまりはじめ、船の航行が不能となった。アレクサンドリアはエジプトのすべての川から遮断され、この交通路が復活するまでは、再び繁栄を取り戻すことはなかった。アレクサンドリアはつねに淡水と海水というふたつの滋養分を必要としてきたのである。

(2) 町の輪郭にも変化が生じた。本土とファロス島を結ぶためにプトレマイオス家が建設したヘプタスタディオン堤防が廃墟と化し、これが背骨となって細長い土地が生まれ、ファロス島は島ではなくなり岬となった。つまり現在のラース・アル・ティーン岬である。

アラブ人は町が荒廃するに任せて補修作業など一切行なわなかったけれど、町の美しさは大いに褒めたたえた。あるアラブ人はこんなふうに書き残している。

町全体が、昼間はもちろん夜になっても純白に輝いていた。壁も舗道もすべてが白い大理石でできていたため、人々はいつも黒い衣服をまとっていた。修道士たちが黒い服をまとったのも、大理石の眩しい光をやわらげるためだった。夜の外出でさえ目にこたえ、……仕立て屋はランプがなくとも針に糸を通すことができた。町に足を踏み入れた瞬間、あまりの眩しさに目を覆わぬ者はいなかった。

あるいはまた、カノポス通り一面におろされた緑色の絹の日よけに感激する者もおり、さらには一段と熱狂的に、こう叫んだアラブ人もいる。

私はメッカ巡礼の旅は六十回経験したけれど、もしアッラーの神が許されるなら、アレクサンドリアにひと月滞在し、その海辺で祈りをあげたい。私にはそのひと月のほうが、はるかにありがたいものとなることだろう。

アラブ人はけっして野蛮人ではなかった。彼らがカイロに建設した立派な町を見れば、その嫌疑は十分晴れるはずである。しかし彼らの文明は、あくまで東方のそして陸の文明であり、アレクサンドリアを花開かせた地中海文明とは無縁な文明であった。最初のうちは彼らも、町を自分たち用に改修して利用しようとつとめた。たとえば聖テオナス教会は、「一千本の列柱をもつ大モスク」の一部となり、聖アタナシウス教会もまたモスク（現在のアッターリーン・モスクはこの一部である）となり、第三のモスクである預言者ダニエルのモスクは、アレクサンドロス大王の霊廟跡に建てられた。しかし、カエサレウム、ムーセイオン、ファロス大灯台、それにプトレマイオス家の王宮などは、すべて廃墟と化した。城壁もまた同様であり、八一一年に新しい城壁がアラブ人の手で建設されたが、そのコースははるかに短いもので、町と人口の衰えをあざやかに物語っている（二十～一頁の地図参照）。彼らはいわば、古代都市の残骸に城壁をめぐらせたのである。

八二八年、ヴェネツィア人のある一団が、アレクサンドリアから聖マルコの聖体を盗み出した。本人たちの証言によると、イスラム教徒の波止場役人の目をごまかすために、ご苦労にもこれを塩漬け豚肉の桶にかくして運び出したそうだ。この泥棒たちは大目に見てやって差し支えない。アラブ人はそんなものがあったことすら知らなかったろうし、ヴェネツィアではそれが大いに喜ばれたが、アレクサンドリアでは盗られて何の不都合もなかったからである。聖マルコの聖体が運び出されてしまうと、アレクサンドリアにはもはやヨーロッパ世界を引きつけるものはほとんどなくなってしまった。いまやエジプトの港はロゼッタ（ナイル河のボルビティネ河口）とダミエッタ（ファトニティック河口）であり、水路が途絶えたアレクサンドリアにあえて近寄る理由はなかった。ただし、アラブ人の支配が終わりに近づいた頃、わずかに重要性を取り戻したことはあった。一四八〇年、カイロのマムルーク朝のスルタンであるカイト・ベイが、ファロス大灯台の廃墟跡に、自分の名を冠した立派な城塞を建設したのである。強大化するトルコの海軍力に備えて建設されたものだったが、しかし一五一七年、結局エジプトはトルコに征服され、そして、アレクサンドリアの歴史の新しい、しかし同じようにつまらない一章が始まる。

トルコ人の町（十六〜十八世紀）

トルコの支配下にあっても人口は減少をつづけ、アラブ城壁の狭い囲いでさえ大きすぎるほどになった。ふたつの港の間にできた細長い陸地には新しい居住区が生まれ、それはいまでも存在し、「トルコ人町」として知られている。細長くつづく家並に小さなモスクが点在するだけの平凡な町であり、この時代の建築物を知るのに最適なロゼッタの町の貧弱な複製である。この平凡な町にあえて記すほどの一貫した歴史があるはずもなく、せいぜいできることと言えば、二、三の旅行者たちのばらばらな印象を紹介するくらいのことである。

(1) 一五七七年。イギリス人の船乗りジョン・フォックスは、活劇さながらの楽しい話を聞かせてくれる。彼はトルコの私掠船（政府公認の海賊船）に捕らえられ、仲間と一緒に牢にぶちこまれたが、親友のスペイン人と語らって反乱を組織し、船を取り戻し、ここぞ英国人魂の見せどころと、みごとカイト・ベイ城塞の砲弾をくぐって東港から脱出した。

(2) 一六一〇年。ジョン・サンズ氏は、その廃墟のさまを風変わりにしかし印象的に伝えてくれる。

かつては都市の女王であり、アフリカの首都であったアレクサンドリアの姿は、いまやこんなぐあいだ。滅び去った美のありがたくない証人として、人間と同じく都市にもまた年齢があり運命があるということを、さながら誇示しているかのようだ。……砂に埋もれた廃墟の山があちこちにできているが、キリスト教徒がこれに登ることは禁じられている。それらの山からは、町の全貌が見渡せるからだ。強いにわか雨のあとなどには、その廃墟の山から、高価な宝石類や、神々や人間の像が彫り込まれたみごとなメダル類が顔をのぞかせる。その細工たるや、近頃の宝石やメダルがどれも粗悪な模造品に見えてくるような、完璧な芸術品である。

(3)　一七五七年。デンマーク人のノードン船長は、すこぶる面白くない精神状態にあった。城塞のスケッチを、トルコ人が許可してくれなかったからだ。すでにイギリス人社会ができていて、これに関する船長の説明を聞くのはつらくはあるが、しかしまことに興味深い。

イギリス人はいつもおとなしくて、あまり物音を立てずに行動する。何か困ったことを頼まれると、自分は身を引いて、面倒事の処理はすべてフランス人に任せる。ただし何か利益があれば、しっかりと分け前にあずかり、まずい事態が生じると、それはみごとに身の安全を図る。

(4)　一七七九年。もうひとりの怒りっぽい旅行者がこの地に上陸した。活発だが執念深いたちのイライザ・フェイ夫人がその人で、彼女はキリスト教徒だったため、西港での下船を許されず、乗り物もロバ以上のものは許されなかった。「クレオパトラの針」と「ポンペイウスの柱」を見物したのち、彼女は妹に手紙を書いていわく、「こんな所をすぐに離れることができて、ほんとに幸せです」イギリス人については何も言っていないが、もてなしを受けたプロシャ領事の肥満体の奥方については、遠慮のない報告を残している。

旅行者たちの報告をもとに作成された古い地図が何枚かあるが、いずれもかなりいいかげんなものである。次頁に転載したものは、ピエール・ベロンが一五五四年に作成したもので、おもな間違いは、ナイル河の支流が何本も流れこんでいることと、マレオティス湖が海とつながっている点である。ふたつの港、アラブ城壁、クレオパトラの針、ポンペイウスの柱、それにカノポス門もしくはロゼッタ門（カイロ門）などが示され、トルコ人町はまだできていない。一六六五年作成のドゥ・モンコニスの地図（十二頁参照）はさらにいいかげんなもので、「クレオパトラの針」がピラミッドに化け、中央の小山はカファレッリー要塞のつもりである。ラース・アル・ティーン岬にトルコ人町が登場している。一七四三年にはリチャード・ポーコックが『東方案内』を出版し、測量調査や水深測定を行なった最初の科学的な地図を紹介した。デンマーク人のノードン船長は、航路目標を示した「新港」すなわち東港のなかなかみご

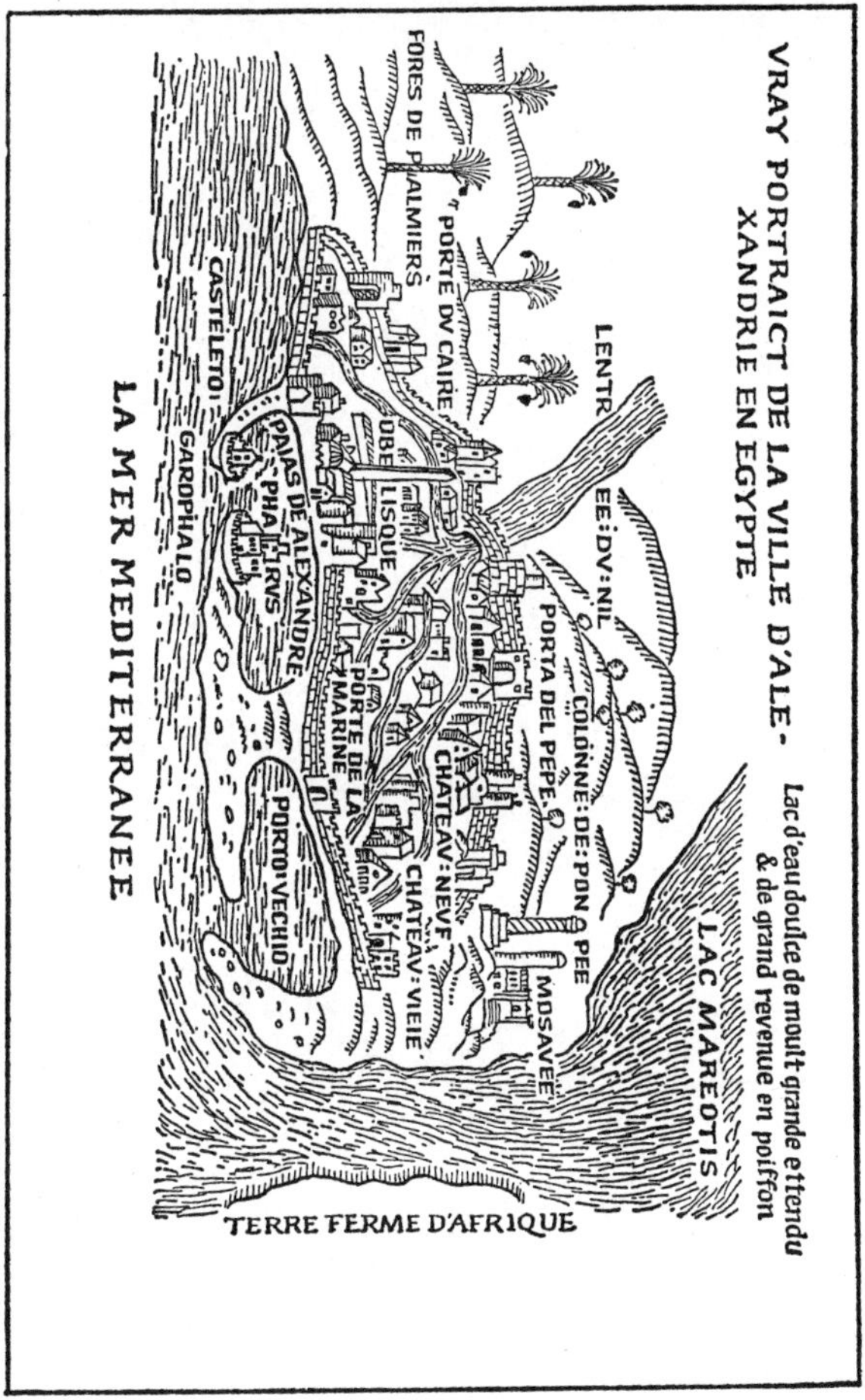

ピエール・ベロンの地図（1554 年、パリ）

となる絵地図を出版した。そして、アレクサンドリアのその後の衰亡ぶりは、ナポレオン率いるフランスのエジプト遠征隊が作成したすばらしい地図に示され、それを見ると、アラブ城壁はコム・アル・ディッカとロゼッタ門にいくつかの建物を残すのみで、きれいさっぱりなくなり、わずか四千人となった住民が、城壁のないトルコ人町にうずくまっている。

そして、ナポレオンとともに新しい時代が始まる。

第五章　近代

ナポレオン（一七九八〜一八〇一）

一七九八年七月一日、名もない小さな町の住民たちは、いつもはさびしい海がおびただしい艦隊で埋め尽くされている光景を目にした。西から現われた三百隻の帆船がマラーブト島の沖合いで錨をおろすや、夜を徹しての上陸が始まり、翌日の昼ごろには町はナポレオン配下の五千の兵で埋め尽くされた。彼らはさらなる大艦隊の一部であり、トルコ援助の口実のもとにやってきたのだが、エジプトはそのころトルコにたいして、弱々しいながらも定期的な反乱をくり返していた。未来の皇帝はまだフランス共和国の一将軍にすぎなかったが、すでにして政治的実力者であり、このエジプト遠征もナポレオン自身が計画したものであった。折しも彼が東方への憧れに胸躍らせていた時期で、ナイル峡谷の夢物語がさかんに彼の想像力をかきたて、それはまた、さらに大きな夢の国インドへとつながる道であることを彼は知っていた。イギリスとの闘いのおかげで、自分はいままさに東方世界を手に入れ、かのアレクサンドロス大王のよみがえりを演じようとしているのだと彼は思った。マルクス・アントニウスと同じくナポレオンもまた、このアレクサンドリアの地で帝国の夢をはぐくんだ。遠征は結局失敗に終わるけれど、その記憶はしっかりと彼の胸に残った。いわば王の育児室である東方の地に彼は触れたのである。

すぐにアレクサンドリアを立ったナポレオンはカイロへと進軍し、「ピラミッドの戦い」で勝利をおさめたが、それから取り返しのつかない不幸な事態が生じた。ネルソンが追ってきていることがわかっていたため、できるだけ安全な場所に艦隊を配置するよう彼はブリュイス提督に指示した。現在ならば、ブリュイスは西港に艦隊を入れていただろうが、一七九八年にはまだ、港の入口の海底を横切る岩礁帯が爆破されておらず、輸送船の出入りはあったものの、大きな軍艦の航行はかなりな危険が予想された。心配したブリュイス提督は、絶対に安全と思われるアブキール湾に艦隊を入れた。が、しかし、ネルソン提督率いるイギリス艦隊に意外な方角から攻撃をうけ、フランス艦隊はほとんど壊滅状態となった。これがあの有名な「ナイルの海戦」である。この敗戦によって、ナポレオンは海上の支配権を失った。フランス遠征軍はカイロを陥落させ、陸では依然として強大な力を誇っていたが、援軍も連絡も途絶えると、根を断ち切られた植物さながらにしだいに弱っていった。これを見たトルコが反旗をひるがえし、一七九九年七月、イギリス海軍の援護をうけたトルコ軍がアブキールに上陸した。ここではナポレオンが勝利をおさめた。みずから陣頭指揮に立ち、はなばなしい合戦の末、侵入軍を海へと蹴散らした。これがすなわち「アブキールの会戦」である。しかし、彼の夢はすでにネルソンによって砕かれていた。この先の運命がどうあれ、ともかく東方での夢は破れたことを悟ったナポレオンは、配下の軍を見捨ててこっそりフランスへと逃げ帰った。

さていよいよ、われらがイギリスの最初の遠征軍と、その興味尽きない勝利の戦いについて語るときがきた。一八〇一年三月、サー・ラルフ・アバクロンビーは、千五百の兵を率いてアブキールに上陸した。彼の目的はエジプトを占領することではなく、フランス軍に撤退を勧めることであった。彼はアレクサンドリアへ向かって海沿いに西へと進んだ。左手の地形は現在とだいぶ違っており、その作戦行動を理解するにはふたつの大きな違いを頭に入れておかなくてはならない。

(1) このあと枯渇することになる「アブキール湖」が、アブキール湾からラムラあたりまで拡がり、ちなみにこれは、海とつながった塩水湖であった。

(2) 現在のマレオティス湖はほとんど乾あがった状態で、わずかに水が残ってはいたが、広大な湖底の大部分が耕作地となり、土地はアブキール湖の水面より十二フィートほど低いため、堤防で守られていた。

したがってアバクロンビーは、現在われわれが陸を見るところに水を見、水を見るところに陸を見ていたことになる。アバクロンビー軍は左翼をアブキール湖に守られながら、マンドゥーラまでは順調に進軍した。しかし、ラムラに陣取るフランス軍に攻撃を仕掛けるとなると、乾あがったマレオティス湖底から側面包囲をうけるおそれがあった。そして案の定、損害は甚大なものとなった。進軍は阻まれ、マスケット銃に腿をやられたアバクロンビーは指揮権放棄のやむなきにいたり、ボートまで運ばれて無念の最期をとげた。現在シーディ・ガービルに彼の小さな記念碑が立っている。

つづいて指揮をとったハッチンソンは大胆な手段に出た。工兵隊の助言を入れて、アブキール湖とマレオティス湖を隔てる堤防を破壊したのである。イギリス兵が狂喜して見守るなか、塩水がどっとマレオティス湖に流れこみ、一カ月もすると数千エーカーの湖底全域が水浸しとなり、アレクサンドリアはエジプトから孤立し、遠征軍の左翼は市の城壁に至るまでずっと湖に守られることとなった。その年の末、イギリス遠征軍の第二陣がアレクサンドリアの西、マラーブト島に上陸し、東西両面から砲撃をうけることになったフランス軍はついに降伏を余儀なくされた。彼らは非常に寛大な条件を示されたうえ、あらゆる戦さの礼を尽くされながらエジプトを去ることを許された。イギリス軍もつづいてエジプトを去った。すでに目的を果たし、これ以上この地にとどまる理由はなかった。エジプトは同盟国のトルコに引き渡した。が、しかし、すでに数世紀の眠りは破られていた。ヨーロッパの目は再びこのさびしい海岸に注がれていた。ナポレオンの夢も破れ、イギリス軍も撤退したけれど、すでにアレクサンドリアの新しい時代が始まっていた。まさにハッチンソンが堤防を破壊したとき、マレオティス湖に水が戻ったように、アレクサンドリアに生命が戻ったのである。

ムハンマド・アリー（在位一八〇五～一八四八）

ナポレオンがアブキールの会戦でトルコ軍を海へ蹴散らしたとき、その逃亡兵のなかに、エジプトの現在の王朝[28]の開祖であるムハンマド・アリーがいた。出自は定かではないが、マケドニアのカワーラで生まれたアルバニア人で、はじめは収税吏として頭角を現わしたと言われる。教育はほとんど受けておらず、歴史も経済学も知らず、後年わずかにアラビア語のアルファベットを学んだにすぎない。しかし、じつに有能な精力家であり、かつ、人間にたいする鋭い洞察力を備えていた。一八〇一年、このときもまだ無名の一傭兵将校として、再びエジプトの地を踏み、アバクロンビーのもとで戦闘に参加した。そしてイギリス軍が撤退したのち、内政の混乱に乗じ頭角を現わし、一八〇五年、オスマン帝国下のエジプト総督となった。

一八〇七年、イギリス遠征軍（正式に言うと、フレイザー将軍率いるところの「偵察遠征軍」）を撃退したことにより、彼の支配力は強化された。イギリスはいまやトルコと敵対関係にあり、エジプトでの牽制作戦が可能かどうかを見るためにフレイザー将軍が派遣されたのだった。フレイザーはナポレオンと同じくマラーブト島に上陸したが、その兵はわずか四千（三十一、三十五、七十八各連隊と外人部隊）にすぎなかった。アレクサンドリアとロゼッタを占領したものの、すぐにムハンマド・アリーの軍勢に兵の半分が殺されもしくは捕らえられ、フレイザーは和睦を申し入れるほかなかった。和睦はすぐに成立し、「偵察遠征軍」は帰国の乗船を許された。遠征軍がアレクサンドリアに残した痕跡はただひとつ、ギリシャ正教主教館の中庭に立つ、七十八連隊の兵士の墓であった。

以後三十年のあいだにムハンマド・アリーの支配権は増大し、それとともに、その事実上の首都であるアレクサンドリアの重要性も増大した。彼はアラビア半島の聖地から異端のワッハーブ派を一掃し、ギリシャ独立戦争に干渉し、オスマン帝国に反乱を企て、シリアを侵略してこれを領土に加えた。広さにおいてプトレマイオス王国に匹敵する王国が、アレクサンドリアを中心として誕生し、あたかもナポレオンの夢が、この傭兵あがりのアルバニア人によって実現されるかに思われ、そしてあわや、イギリスがインドと遮断されるかに思われた。イギリスは驚きあわてた。そしてムハンマド・アリー帝国は突然崩壊する。一八四〇年、イギリス艦隊の支援をうけたシリアが反乱を起こし、まもなくイギリス提督サー・チャールズ・ネーピアがアレクサンドリアに到着し、彼はムハンマド総督に向かって、エジプトでおとなしくするよう強く勧告した。言い伝えによると、会見はラース・アル・ティーン新宮殿で行なわれ、ネーピアはこう叫んだという。「総督、これ以上の愚かな抵抗はやめなされ。もし、私のこの非公式の勧告を聞き入れぬ場合は、残る手段はただひとつ、砲撃あるのみです。神に誓って、総督がいまお坐りの、この部屋のど真ん中に大砲をぶちこみますぞ！」ともあれ、ムハンマド・アリーは降伏し、ヨーロッパの大国たらんとする夢は破れた。しかし一族のためには、実質上の王であるエジプト総督世襲という居心地のよい地位を確保した。

内政の評判はあまり芳しくない。彼はヨーロッパ文明を賛美したが、それはひとえに、文明が人々を好戦的にし銃をもたらしてくれるからであり、文明のもっとすばらしい面を理解する力はなかった。その「改革」なるものも、旅行者の目を驚かすだけのこけおどし的なものが多かった。彼はまた、一方的な値段で穀物を買い取っては農民を搾取し、さながらエジプト全土が彼の個人農園と化した。この時代のアレクサンドリアにおける、外国人共同体の重要性もここから生まれ、すなわち彼は、これらの穀物をヨーロッパ市場で売りさばくために、彼らの助けを必要としたのである。彼はまた、当時流行になりはじめていたエジプトの骨董品類の輸出免許証をイギリスその他の領事たちに与え、自分の販売代理人になるよう説き伏せた。われらがイギリス領事ヘンリー・ソルト氏（この地に墓がある）は、この犯罪的行為の類いまれなる協力者であった。ムハンマド自身、イギリスとアメリカの両政府に「クレオパトラの針」を寄贈している。このオベリスクは元の場所、つまりいまはなきカエサレウム神殿の前に一部が残っているが、もし全部が残っていたら、さぞかし現在の海岸通りは威厳を増していたことだろう。とはいえ、こうした過ちにもかかわらず、現在の近代都市としてのアレクサンドリアをつくったのはムハンマド・アリーである。彼がすべての指揮をとり、老いたる土地に現在の町をつくりあげたのである。しばらくその町を眺めることにしよう。

近代都市

一七九八年から一八〇七年の間に、遠征軍が四たびアレクサンドリアもしくはその付近に上陸した。フランスが一度、トルコが一度、そしてイギリスが二度である。エジプトは再びヨーロッパ世界に組み入れられた。さっそく海の都が必要となり、それには中世の港町であるダミエッタやロゼッタではなく、復活したアレクサンドリアこそ最適の地であると、ムハンマド・アリーの天才は見抜いた。今日われわれが見るアレクサンドリアは、すべて彼の方針に従って建設されたものであり、二千年以上前のアレクサンドロス大王の都市計画と比較してみるのも一興である。

いちばんの問題は水であった。一八〇一年、イギリス人が堤防を破壊したためマレオティス湖に水が戻り、湖はとつぜん古代の姿を取り戻した。しかし、船の航行には浅すぎるうえ、かつてのような淡水湖ではなく塩水湖であり、ナイル河と直接つながっていなかった。運河を拓くほかなかった。アレクサンドロス大王はアブキール（カノポス河口）でナイル河に入ることができたが、いまはロゼッタ（古代のボルビティネ河口）まで行かなくてはならず、ムハンマド・アリーは四十五マイルの運河を建設しなくてはならなかった。この運河はオスマン・トルコ帝国の皇帝《スルタン》マフムード二世にちなんでマフムディーヤ運河と名づけられ、一八二〇年に完成された。運河の出来は悪く、頻繁に土手が崩れたりしたが、とにかくアレクサンドリアとロゼッタを結んだ。

こうしてアレクサンドリアはカイロと水路でつながり、やがて鉄道も加わり、つづいて港も新しく完備された。ムハンマド・アリーは、古代にはあまり重要な港ではなかった西港を開発した。現在の海軍工廠は一八二八年から三三年にかけて、フランス人技師ドゥ・セリシーによって彼のためにつくられたものである。艦隊も配備された。荘厳なラース・アル・ティーン宮殿もこのとき建てられたもので、港の上の丘に建ち、かつてプトレマイオス朝の王宮が東港を見下ろしていたように、西港を見下ろしていた。総督お気に入りの宮殿であり、それはつまり、彼の新しい王国がたんなる東方の一君主国ではなく、海に顔を向けた強力な近代国家であることを示していた。

一方では町の開発も進められたが、こちらはあまり立派なものとは言えない。安普請の家が急増し、道路は無計画にアラブ城壁近くの無人地帯まで伸びていった。ムハンマド・アリーも、相棒の外国人共同体も、都市計画の必要性までは思いが至らなかった。ただひとつの功績は広場であり、この領事館広場（現在のムハンマド・アリー広場）はじつにみごとなものだった。イギリスは広場の北側に敷地を与えられ、その一部にイギリス人教会が建てられ、フランスとギリシャは南側で、その他たとえばアルメニア人などにも敷地が与えられた。しかし、いろいろな事業を総合的に進める意志はなく、すでにある特色を利用することもなかった。特色とはつまり、海、湖、ポンペイウスの柱、コム・アル・ディッカとカファレッツリーの要塞、それにアラブ城壁などである。海は商業目的以外には無視され、大通りはいまでも海岸から離れ、すばらしい新埠頭の付近にもいまだに建物が見当たらない。湖はそれ以上に完璧に無視された——湖のやわらかな淡い色の拡がりが、さぞや南の地区を美しく飾っていたであろうに、いまでも多くの人々は、湖が存在することすら知らない。「ポンペイウスの柱」は、道路が集まる中心ではなく、ろくに目にもつかない場所に放置され、わずかにバーブ・シドラ通りから眺めやることができるのみである。ふたつの要塞も同様の運命にあり、密集した家々のうしろでちぢこまっている。アラブ城壁は結局ほとんどが破壊されたが、東の端にわずかに残り、これは市民公園としてたいへん有効に利用されてきた。

アレクサンドリアの町が大きくそして豊かになるにつれて、郊外が必要になってきた。最初に開発されたのはマフムディーヤ運河の付近で、アントニアディス屋敷をはじめとするいくつかの豪邸が建てられた。しかし交通機関が発達してくると、豪商たちはさらに遠くに住むことができるようになり、メクスか、ラムラか、道はふたつあったが、残念なことに彼らはラムラを選んだ。メクスはまことに風光明媚な土地であり、さぞやすばらしい町に発展していたであろうに、現在は帯状のスラム街によって町から分断され、電車の便が悪いためにさらに遠い存在となっている。アレクサンドリアは逆に東のラムラのほうへと発展し、最初にここに鉄道が敷かれ、現在もすばらしい電車が走っている。

以上が、ムハンマド・アリーとその後継者たちのもとで発展したアレクサンドリアのおおよその姿である。アレクサンドロス大王の町とは比ぶべくもないが、しかし、同じ十九世紀にできた町々と比較すれば、いずれに劣るわけでもない。そして、どこよりもすぐれた絶対的な強みがひとつあり、すなわちそれは完璧な気候風土である。

アレクサンドリア大砲撃（一八八二）

こうしてアレクサンドリアは、ムハンマド・アリーとその後継者たち（そのひとりサイード・パシャはこの地に葬られている）のもとで静かに発展する。しかしスエズ運河の開通によって市への関心は薄れ、再び注目を浴びるのは一八八二年のことである。この年アレクサンドリアは、エジプト国民党の創立者であるアラービーの反乱に巻きこまれる。当時陸軍大臣の地位にあったアラービーは、副王《ケディーヴ》タウフィークを制してエジプトをエジプト人の手に戻さんと奮闘していた。建設以来つねに外国の影響下にあったアレクサンドリアは、したがって当然の仇敵であり、この地で彼は、テル・エル・ケビルの敗退で幕を閉じるヨーロッパ排斥運動の火ぶたを切ることとなった。アラービーの真意と同じく詳細は複雑だが、四つの舞台が認められる。

(1) 六月十一日の暴動

暴動は午後一時頃スール通りで始まった。ふたりのロバ追いの少年(アラブ人とマルタ人)がカフェで喧嘩を始め、ほかの連中がこれに加わったことが発端と言われる。暴徒は広場へと押しかけ、ラバン・カラコル付近の十字路でイギリス領事が危うく殺害されそうになった。広場ではさらに、アッターリーン地区とラース・アル・ティーン方面から来た二組の暴徒が合流した。イギリスその他の軍艦が港にいたけれど、何の行動も起こさず、市のエジプト軍も、カイロにいるアラービーの命令なしに介入することを拒んだ。彼のもとに電報が打たれ、返事が届き、ようやく混乱はおさまった。

アラービーがこの暴動を計画したと考える理由はない。しかし当然のことながら、この暴動は彼の威信を大いに高めることになり、外国人共同体とりわけイギリス人にたいして、彼らを守れるのはアラービーだけだということを、しかと知らしめた。夜になって彼はカイロから意気揚々と現われた。その日一日で、百五十人ほどのヨーロッパ人が死んだと言われるが、確かな統計は残っていない。

(2) 七月十一日の砲撃

シーモア提督率いるイギリス艦隊は、暴動のさい港に控えていたが、行動を起こしたのはようやく一カ月後のことであった。第一にイギリス人居住者を退去させ、第二に艦隊を増強し、第三に本国の命令を待たねばならなかったからである。しかし、準備が整うやシーモアはただちにアラービーに喧嘩を吹っかけ、要塞にこれ以上の大砲を据えると町を砲撃すると宣言した。アラービーがこれを聞き入れなかったため、シーモア提督は七月十一日午前七時、砲撃を開始した。艦隊は八隻の装甲艦から成り、うち六隻はイギリス海軍最強の戦艦たちであった。配置はつぎのとおりで、モナーク、インヴィンシブル、ペネロペがメクス海岸沖、アレクサンドリア、スルタン、スパーブがラース・アル・ティーン沖、そして残りのテメレアとインフレクシブルが、港の岩礁帯の外側、つまりラース・アル・ティーン岬とマラーブト島のあいだに陣取り、さらにマラーブト島沖には、チャールズ・ベレスフォード卿率いる小型砲艦が控えていた。要塞を守るアラービー軍の砲兵たちも勇敢に戦ったが、イギリス艦隊の砲撃は成功し、夕方、戦艦スパーブがアダー要塞の弾薬庫を爆破した。カイト・ベイ要塞もまた破壊され、十五世紀のモスクのミナレット（尖塔）が、「太陽を浴びた氷のように溶け去った」。しかし、われらが砲兵隊が慎重に狙いを定めたため、町はほとんど無傷であった。アラービー軍は夕方ロゼッタ通りから撤退し、数マイル東の、マフムディーヤ運河の土手に陣取った。

(3)　七月十二日の暴動

勝利のあと、不幸にもシーモア提督は治安維持軍の上陸を怠り、ために、六月の暴動よりもはるかに悲惨な暴動を招く結果となった。アラービー軍が撤退するや、先住民たちはとたんに自制を失った。副王はすでにアラービーと決裂状態にあり、砲撃のさいはラース・アル・ティーン宮殿を逃げ出してラムラに避難し、その権威は無きに等しかった。十二日は終日略奪行為がつづき、夜に入って市は炎上した。ただし芸術上の被害はなく、ほとんどが物質的損害であり、広場の唯一貴重なムハンマド・アリー像も幸い破壊をまぬがれた。シャリフ・パシャ通りとタウフィーク・パシャ通り、というより広場から通じるすべての道路が破壊され、ヨーロッパ人地区のほとんどすべての通りが、つぎつぎと崩れ落ちる建物のために通行不能となった。空の宝石箱や壊れた時計が舗道に散乱し、店という店が略奪され、ようやくシーモア提督が上陸したときには、海軍少尉候補生らはジャムひとつ買えない有様であった。候補生のひとりはこの惨事を記録したのち、炎上中のアレクサンドリアを評して、ほかの点では「まことにすばらしい町」だとつけ加えている。ともあれ、やがて副王も宮殿に戻り、秩序はゆっくりと回復された。この避ければ避けられたかもしれぬ惨劇でどれだけの人命が失われたかは、不明である。

(4) 軍事行動

ウルズリー卿率いるイギリス陸軍の大部隊が、スエズ運河へと派遣された。テル・エル・ケビルの戦いにおいてアラービー軍に止めを刺すことになる大部隊である。しかしこの大部隊がエジプトに到着するまでは、アレクサンドリアはまだまだ危険な状態にあった。カフル・アル・ダッワールに陣取るアラービー軍がいつ攻め込んでくるやもしれず、早急に市の東側を固める必要があった。七月中旬、アリソン将軍が砲兵隊を含む数部隊を率いて到着し、ムスタファ・パシャの兵営、アブー・アル・ナワーティルの丘、そして運河脇の浄水場に陣取った。これでアラービー軍の動きを監視することができたが、アリソン将軍はさらに、南からの攻撃に備え、アントニアディス庭園の入口にも強力な陣を敷いた。こうして緊張状態がつづくあいだアリソン軍はよく持ちこたえ、敵の前哨部隊を大いに悩ました。アリソン軍の損害はわずかなもので、活躍した連隊の名は、イギリス人教会の銘板に刻され後世に伝えられている。八月に入って、いよいよウルズリー卿が到着し、彼は情況を視察すると再び部隊を乗船させ、アブキールに上陸するかに装った。アラービーはまんまとだまされ、アブキールでこれを迎え撃たんと準備を整えたが、ウルズリー卿はアラービー軍の目の前を通りすぎ、ポート・サイドに上陸した。アラービーは陣を解くほかなく、こうしてアレクサンドリアの危機は去った。

結び

一八八二年の大砲撃ののちも、アレクサンドリアは幾多の災難に見舞われてきたが、それはここでは触れない。結論めいた言葉も差し控えたい。アレクサンドリアはまだ生きており、締めくくりの言葉を述べようとするあいだにも変化しているからである。政治的には、かつてよりもエジプト全体と密接な関係にあるが、依然として外国の影響は強く、市の現代文化の担い手は、やはりいちばん古いつきあいを誇るギリシャ人である。市の将来については、ほかの大商業都市と同じく何とも言えない。市民公園と博物館を除けば、市当局は歴史的責任にはほとんど無関心である。図書館は資金不足のために飢餓状態にあり、美術館の誘致もままならず、過去との絆も無思慮に断たれてしまう。たとえばロゼッタ通りという名称が勝手に変えられ、フランス通り付近の屋根付きバザールも取り払われてしまった。綿花とタマネギと玉子を基盤とする物質的繁栄はすこぶる安定しているように思われるが、ほかの方面での進歩はほとんど認められない。ソストラトスが建造した、世界の七不思議の一つとされるファロス大灯台や、テオクリトスが創造したとされるエイデュリオン（牧歌）や、新プラトン主義哲学の創始者プロティノスの『エンネアデス』などに対抗しうるものは、将来まず生まれそうにない。わずかに気候風土のみが、涼しい北風と海のみが、最初の訪問者メネラオス（伝説のスパルタ王）がラース・アル・ティーンに上陸した、三千年前の昔と変わらぬ清らかさを保っている。そして夜ともなれば、ベレニケの髪の毛座が、天文学者コノンの目にとまったときと同じように明るく輝いている。

神はアントニウスを見棄てたまふ

ある真夜中のこと
妙なる楽の音と歌声とともに
姿は見えぬ合唱隊が突然立ち去るのが聞こえた
武運尽き、偉業は成らず
企てが幻に終りしことを嘆いてはいけない
覚悟のできた勇敢な武人らしく

去りゆくアレクサンドリアに別れを告げるがよい
ましてや、これは夢にちがいない、空耳にちがいない
などと自分を欺してはいけない
そんな空しい望みにすがってはいけない
とうに覚悟のできた勇敢な武人らしく
この町にふさわしい武人らしく
決然と窓辺に歩み寄り
喜びをもって聴くがよい
断じて、臆病者の祈りや愚痴をつぶやいてはならない
(ああ! 何たる喜びかな!)
神秘の合唱隊の歌声と、妙なる楽の音を聴くがよい
そして、いま失わんアレクサンドリアに別れを告げるがよい

C・P・カヴァフィス*

* この美しい詩には、マルクス・アントニウスの敗北の前兆の意味がこめ

られている。作者のカヴァフィスは現代ギリシャを代表する詩人であり、彼も、そして英訳者のヨルゴス・ヴァラッソープロス氏も、ともにアレクサンドリアの住人である。

付録Ⅰ　クレオパトラの死（五十六〜七頁参照）

プルタルコスが描いたクレオパトラの死は後世の想像力を大いに刺激し、シェイクスピアとドライデンによって彼女の死が戯曲化された。

(1)　プルタルコス英雄伝「アントニウス」（シェイクスピアが用いたノース訳）

彼女の死は手早く行なわれた。カエサルの使者たちが大急ぎで駆けつけると、番兵たちは彼女の死に気づかず呑気に入口に突っ立っていた。が、扉を開けてみると、クレオパトラは女王の衣服をまとって盛装し、黄金のベッドに横たわって死んでいた。ふたりの侍女のうち、アイアラスは女王の足元ですでに息絶え、もうひとりの侍女のチャーミアンは、半死半生の状態でふらふらになりながら、クレオパトラが頭に戴いた王冠を直していた。番兵のひとりが彼女を見て怒り、「えらいことをしてくれたな、チャーミアン」と言うと、「はい、ほんとうにえらいことでございます、それに、連綿と続いた王家の女王様にふさわしく……」と言ったきり、ベッドのかたわらにばったり倒れて息絶えた。

(2) シェイクスピア（『アントニーとクレオパトラ』第五幕第二場）

クレオパトラ　着物をきせてちょうだい、王冠をのせて。わたしは滅びることのないものに憬《あこが》れている。もうエジプトのぶどうでわたしの唇をしめらすことはないだろう。早く、早く、アイアラス、早くしておくれ。アントニーが呼んでいるようだ。シあれ、わたしのりっぱな振舞いをほめてやろうと、アントニーが身を起こした。シーザーの好運をあざ笑っておられるのが聞こえる。好運とは、あとで復讐をするために、神々が人間に下さるものだ。あなた、すぐまいります。わたしの勇気が妻たる名前を汚しませぬように！　わたしは火と風だ、このからだを作り上げている残った水と土は、卑しいこの世にくれてやる。もうすみましたか？　それでは、わたしの唇から最後のぬくもりをわけておもらい。さようなら、やさしいチャーミアン。アイアラス、永の別れを。(二人に接吻する。アイアラスは倒れて死ぬ)わたしの唇に毒蛇がついていたのか？　倒れた？　もしおまえと生命とがそんなにも静かに別れられるものなら、死の一撃は恋人につねられるようなもの、痛いけれど、楽しいことにちがいない。おまえはじっとしているのかね？　もしそんなふうに消えてゆくのだったら、この世にお暇乞いをする必要もないことを、おまえは教えてくれたのだ。

チャーミアン　溶けてしまえ、厚い雲、そうして雨になるがいい、そうなれば、神々も泣いている、と言ってやるのに！

クレオパトラ　わたしは自分が恥ずかしくなった。この女が一足先に、髪の縮れたアントニーに出逢ったら、あの人はこの女にわたしのことを尋ね、接吻しておやりになるだろう、わたしにとっては天国のようなあの接吻を。さあ、人殺しの悪党め、(毒蛇に向かって呼びかけ、それを自分の胸にあてがう)おまえの鋭い歯で、このもつれあった命の結び目を、ひと思いに咬み切っておくれ。悪党さん、カッとなって、一気にやっておくれ。ああ、おまえが口がきけたら、大シーザーをうかつな阿呆と言うだろうにね！

チャーミアン　ああ、東の空の明星さま！

クレオパトラ　静かに、静かに！　これが見えないのかね、わたしの赤ちゃんが乳を吸って乳母をねかせつけようとしているのが？

チャーミアン　ああ、裂けてしまえ！　この胸よ、裂けてしまえ！

クレオパトラ　麻薬のように快く、空気のようにやわらかで、やさしいことは――おお、アントニー！――そう、おまえにも吸わせてあげよう。（もう一匹の毒蛇を自分の腕にあてがう）なぜ生きながらえて――（死ぬ）

チャーミアン　このいまわしい世界に？　そうでございますとも。では、おさらばでございます。死よ、傲《おご》るがよい、類いなき女性がおまえのものとなったのだから。うぶ毛の生えたまぶたよ、お閉じなさい。黄金の太陽も、二度とこのような麗《うるわ》しい眼を見ることはあるまい！　冠が傾いております、お直ししましょう。これでわたくしも遊べます。

衛兵が駆け込んでくる。

衛兵一　女王はどこにおられる？
チャーミアン　大きな声を立てないで、眼をおさましになるといけないから。
衛兵一　シーザーから――
チャーミアン　お使いはおそすぎた。（毒蛇を自分にあてがう）さあ、早くやっておくれ！　いくらか感じてきたようだ。
衛兵一　おおい、来てくれ！　大変なことだ、シーザーはわなにかかった。
衛兵二　シーザーのお使いのドラベラがいる。あの人を呼べ。
衛兵一　これはどうしたということだ！　チャーミアン、これでいいのか？
チャーミアン　よろしいとも、王統連綿たる王家の女王にふさわしいことです。ああ、衛兵！　（死ぬ）

（小津次郎訳）

(3)　ドライデン（『すべては愛のため』第五幕第一場）

チャーミアン　何のためにこの華やかな王家のしるしを?

クレオパトラ　分からぬのかい、愛しい人に会うためではないか。シドナスの河辺で、女神のようにきらびやかに、あの人に初めて会ったとき、あのときのように着飾って、もう一度あの人に会いに行こう。二度目の結婚も最初のときのように華やかに。さあ、急いで、二人とも、アントニーの花嫁の着付けを。

チャーミアン　終わりました。

クレオパトラ　さあ、夫のそばに座らせて。この場所はわたしのもの、あの人のように、わたしもシーザーに打ち勝って、世界の分け前を勝ち取るのだから。ようこそ、わたしの不滅の恋の愛しい亡骸!　ああ不敬な者の手があなたをここから連れ去っていくようなことがなく、いつまでもここで安らかに。生きている間は、与えられなかった平安を、死後のあなたにエジプトがもたらしますよう。小箱をおくれ。

アイアラス　実のしたに蛇がいます。

クレオパトラ　(葉を脇によけて)おいで、やさしい欺し屋さん!　この世でいちばんの盗人よ、やすやすと命の扉を開け放ち、気附かれもせず、わたしたちからわたしたち自身を掠めとる、そうやって、死神の恐ろしい仕事を死神自身よりうまく果していきながら、手肢をそっと眠らせるおまえの技には、脇に立つ死神でさえ、己《おの》が姿に欺されて、ただの眠りかと思ってしまう。

セラピオン （奥で）女王はどこにおいでか？　町は降伏して、シーザーは門前にお出ましだ。

クレオパトラ いま来てももう遅い、死の領地は侵せない。さあ、腕を出して、蛇の怒りをかき立てよう。（と腕を出すが、引っこめる）臆病な体よ――まるでわたしのものではないみたいに、シーザーと謀って裏切ろうというのかい？　シーザーの家来ではない、自分の体はわたしの意志で動かして、魂をこの手でアントニーのもとに届けねば。（脇を向き、次いで血の滲んだ腕を見せる）持っておいき、仕事は果たした。

セラピオン （奥で）扉を叩き破れ、裏切者を逃がしてはならぬぞ。

チャーミアン 次はわたしたちの番。

アイアラス さあ、チャーミアン、立派な女王と主人にわたしたちもふさわしく。

（二人も蛇を腕に当てがう）

クレオパトラ　もう、死が、体の内に感じられる。早く夫に出会えるように、わたしは惑わず死んでいこう。重い痺れが全身に、ああ、頭も痺れてくる。目が開けていられなくて、愛しい人の姿が消える。どこにあの人をみつければいいの、どこに？ ああ、あの人の方を向かせて、わたしをあの人の胸に臥かせて――シーザーよ、何でもおやり、さあ、二人を引き離してみるがよい、出来るものなら。（息絶える。アイアラスもその足元にくずおれて死ぬ。チャーミアンは、女王の頭の乱れを直しながら、玉座の背後に立っている。セラピオン、二人の司祭、縛られたアレクサス、エジプト人等登場）

二人の司祭　ご覧なさい、セラピオン、死神の何という惨い振舞い。

セラピオン　恐れていたことだった。チャーミアン、これでよいのか？

チャーミアン　ええ、これでいいのだわ、女王に、偉大な王家の最後の女王にふさわしい。わたしもおあとを。（くずおれて、死ぬ）

（伊形洋訳）

付録II　エジプトの外典（抄）（一三四頁参照）

(1)「エジプト人福音書」抄

「死はいつまで世界を支配するのでしょうか」とたずねたサロメに向かって、主《しゅ》は言った。

「おまえたち女が子供を生んでいる限りだ。わたしはその女の仕事を打ち壊すためにやってきたのだ」そこでサロメが言った。「では、わたしは子供を生まなくて、よいことをしたわけですね」主は答えて言った。「あらゆる植物を食べるがよい。ただし、苦い味のするものは食べてはいけない」主が話されたこと（すなわち最後の審判のこと）はいつ人々に理解されるのでしょうか、とサロメがたずねると、主は言った。

「おまえたちが羞恥心の上着を脱ぎ捨て、ふたつのものがひとつになり、男が女と一緒になり、男も女もなくなるときだ」

(2)「ヘブル人福音書」抄

イエスは言う。「求める者には、見いだすまで求めさせるがよい。そして見いだした者は驚き、驚いた者は神の国に辿り着き、神の国に辿り着いた者は休息するであろう。」

(3)「出典不明の福音書」抄（二〇〇年頃）

イエスは言う。「おまえたちがこの世にたいして断食しないかぎり、けっして神の国を見いだすことはないであろう。そして、安息日をほんとうの安息日としないかぎり、父なる神を見ることはないであろう。」

イエスは言う。「人がふたりいれば、そこには必ず神がいる。いや、たとえひとりしかいなくても、わたしはその人とともにいる。石を持ち上げてみるがよい。そのときわたしを見いだすであろう。木を切り倒してみるがよい。そのときわたしがそこにいるであろう」

付録III　ニカイア信条（九十五頁、一三九頁参照）

ニカイア会議によって採択された、アリウス派への攻撃を含む信条の原文をつぎに掲げる。カッコ内は、のちに原文に付加された箇所である。

私たちは、全能の父なる唯一の神、見えるものと見えないもの、すべてのものの造り主を信ずる。

私たちは、唯一の主イエス・キリスト、神の子、父から生まれたお方（すなわち父の本質から生まれた独り子）、神からの神、光からの光、真の神からの真の神、生まれたお方であって、造られたお方ではないお方、父と同質のお方を信ずる。彼によってすべてのものが、（天にあるものも地にあるものも）造られた。私たちは、私たち人間のために、私たちの救済のために降られ、受肉され、人となられ、苦しめられ、三日目によみがえられ、天に昇られ、生きている者と死んだ者を裁くためにこられるお方を信ずる。

私たちは聖霊を信ずる。

しかし、聖公会と使徒教会はこの者たちを呪う。すなわち、神の子がいまさなかった時代がかつてあり、彼は生まれる以前にはいまさなかったし、彼は無から造られたのだと主張する者たち、そしてまた、彼は父なる神と同質ではなく、可変的であると主張する者たちを呪う。

訳注

序

（1）二二五〇年にわたるアレクサンドリアの歴史を、壮麗なページェント風にまとめようとした、とある。
（2）現在はサラーハ・サーレム通り。
（3）じつはこのとき、『アレクサンドリア』は地下室に眠っていて焼失を免れた。しかし、焼けたと思って保険金を受け取り、フォースターに印税も支払ってしまった出版社は、困ったあげく、ひそかにこれを焼却処分したというのが真相だそうである。

第一章　ギリシャ・エジプト時代

（4）スパルタ王。アガメムノンの弟で、ヘレネーの夫。
（5）詩人ピンダロスの家を除くテーベの全市を破壊した。
（6）古代エジプトの首都。現代のカイロ付近。

（7）アメン神はエジプト古来の太陽神で、ギリシャのゼウスと同一視され、その神託はギリシャ世界においても有名だった。
（8）世界七不思議の一つである巨像が古代ロドス港の入口に立っていた。
（9）同じく世界七不思議の一つである霊廟マウソレウムの所在地。
（10）大王の死後、ロクサネーから生まれた。
（11）現在では、この時に焼けたのは港に荷造りされていた本であり、図書館もムーセイオンも無事だったとされている。
（12）オクタウィアヌスの姉オクタウィア。
（13）アクティウムの海戦におけるクレオパトラの臆病風については、彼女を憎むローマ人の創作が加わっているとして、現代の歴史家たちが反論を試みている。興味のあるかたは、Michael Grant, *Cleopatra*, 1972 等を参照されたい。
（14）前三二〇頃〜前二三〇頃。ギリシャの懐疑派の哲学者で、シェイクスピアの悲劇に『アテネのタイモン』がある。
（15）いわゆるベレニケの髪の毛座である。
（16）現在では、カリマコスはついに図書館長にはなれなかったとされている。ちなみに初代館長はゼノドトス、二代目はロドスのアポロニオス、三代目はエラトステネスである。

(17) アレクサンドリア或いはナウクラティスの出身といわれ、引退後ロドス島で余生を送ったため、ロドスのアポロニオスと呼ばれる。
(18) 人類最初の大船とされる。
(19) シチリア島で生まれ、コス島で暮らしたとも言われる。
(20) 王妃のレリーフと、「王妃ベレニケに幸いあれ」などといった文字が書かれ、貴族や旅行者に飾り物として売られた。
(21) 前二八四年頃とも言われる。
(22) 織田武雄『古代地理学史の研究』によると、エラトステネスが算定した地球の全周は二十五万アッティカ・スタディオン、つまり約四四四〇〇キロである。

第二章　キリスト教時代

(23) マホメットには十二人の妻があったという。
(24) ロレンス・ダレルの『ジュスティーヌ』に引用されている。河出書房版邦訳一〇二頁（新版は一〇九頁）参照。

第三章　哲学都市

(25) 『イーリアス』II一四〇、IX二七。

(26) この一節もダレルの『ジュスティーヌ』に引用された。河出書房版邦訳四十二頁（新版は四十七頁）参照。

(27) 肉体との合体以前に存在すること。

第五章　近代

(28) 一九五三年まで。

訳者あとがき

アレクサンドリア……。優雅な威厳を秘めたここちよい響きが、地中海の涼しい北風のように頬をなで、瞳に青い海原がひろがる。そして、大理石の町が気も遠くなるほどにまぶしい。

身支度もそうそうに、さっそく旅立ちたいところだけれど、現代のアレクサンドリアには、古代アレクサンドリアの栄光を偲ぶよすがはほとんど皆無だそうだ。それならそれで、むしろありがたい。重いトランクを提げてうろうろしなくてすむ。とりあえず、E・M・フォースターのこの小著を頼りに、それぞれが瞼のアレクサンドリアを甦らせれば旅は完了である。

それにしても、じつに二二五〇年にわたる一都市の栄光とその衰亡のさまを、フォースターはそれはみごとに手短にまとめている。手短という点がすこぶる重要である。

一筆画というのがあるけれど、大げさに言えばそんな感じで、アレクサンドリア二千年の歴史が息もつかず一気に書き上げられる。われわれはほうと見惚れ、何よりもまず、アレクサンドリアという一古代都市への憧れをたっぷり吹き込まれるはずである。足元のふわついた憧れではない。虫の好かない人物や、度しがたい弱点を寛容に飲み込んだうえでの、しっかり腰の座った憧れである。そして、この憧れをしかと自分のものとしたわれわれの精神は、それぞれの新たな旅に向かって駆け出していくはずである。初期キリスト教の異端の系譜をじっくり辿り直す者もいるかもしれない。あわててプロティノス全集を買い込む者もいるかもしれない。あるいはまた、テオクリトスのエイデュリオンにじかに触れるべく、おもむろにギリシャ語の勉強を始める殊勝な若者だっていないとはかぎらない。そして、思い思いに旅立った精神は、しかしどれほど離れ離れになろうとも、〝アレクサンドリア〟という典雅な絆でいつまでもいつまでも結ばれている。

江戸学という言葉があるが、アレクサンドリア学という言葉があってもいい。たわごとは承知のうえだが、江戸学という名のもとに賑やかに研究が進められるように、アレクサンドリア学という名のもとに優雅に研究が進められたら、ずいぶんと楽しいことだろう。あるいはプトレマイオス家の兄妹もしくは姉弟婚の歴史をたどり、あるいはカリマコスの難解な詩を解読し、あるいはクレオパトラの実像を探る。それに、ファロス大灯台の精密な復原や、王宮ならびにムーセイオンの所在地の確定はどれくらい進んでいるだろう。やることはくさるほどある。そしてこれらの研究が、アレクサンドリア学の名のもとに一堂に会するのである。江戸学事典ならぬアレクサンドリア学事典ができあがるのである。そして、じつはこれが言いたかったのだが、E・M・フォースターの小著『アレクサンドリア』は、このアレクサンドリア学の永遠不滅の入門書である。

E・M・フォースターは一八七九年ロンドンに生まれ、一九七〇年九十一歳の天寿を全うし、イギリス文壇の大御所として大往生をとげた。イタリアとイギリスを舞台にした小説『天使も踏むを恐れるところ』(一九〇五年)と『眺めのいい部屋』(一九〇八年)では、イギリスとイタリアの対比によって、より良き人生のあり方を探り、代表作『ハワーズ・エンド』(一九一〇年)では、実務能力にたけた実業家と、芸術を愛する教養高き女性が対比され、そのふたつの生き方の結合が模索される。そしてもうひとつの代表作『インドへの道』(一九二四年)では、帝国主義と植民地の問題を見据え、支配者と被支配者の友情と葛藤を描いた。当時のインドは、イギリス人とインド人の対立、ヒンドゥー教徒とイスラム教徒の対立、そしてカースト制度という階級の対立があり、まさに対立のるつぼのような国であり、フォースターはそこに、いがみあう人間世界の縮図を見、人間関係の絶望的な困難さをあぶりだしたとも言える。

E・M・フォースターはジェイムズ・ジョイスとヴァージニア・ウルフより三歳年上でほぼ同世代だが、前衛的な小説技法には懐疑的で、誰よりもジェイン・オースティンを敬愛し、イギリス伝統の皮肉とユーモアを小説の核とし、プロットを大切にする伝統的な小説技法にあえて固執した。その小説観は、小説論の古典として名高い『小説の諸相』(一九二七年)に余すところなく述べられている。そして言論人としてのフォースターも忘れることはできない。「国家を裏切るか、友を裏切るか、と迫られたら、国家を裏切る勇気を持ちたい」(「私の信条」)という名ゼリフをはじめとするエッセイは、『アビンジャー・ハーヴェスト』(一九三六年)と『民主主義に万歳二唱』(一九五一年)に収められ、知識人たちにも大いに読まれた。一九四四年には国際ペンクラブ会長に推され、文字どおり二十世紀のイギリスを代表する作家として揺るぎない評価を得、また近年は、『眺めのいい部屋』『モーリス』『ハワーズ・エンド』など、ジェイムズ・アイヴォリー監督による映画化によって、ちょっとしたイギリス・ブームにも貢献し、ほぼ百年前のイギリス小説が日本の若い読者にも親しまれることになった。

そのE・M・フォースターが、アレクサンドリアというエジプトの一都市の歴史に手を染めたについては、それなりの必然性がある。フォースターは好んで「土地の霊」ということを言う。土地がもつ言わく言いがたい神秘的な魔力を称した言葉だが、土地の魅力もさることながら、何よりもフォースター自身が、異国の地に霊感を受けやすい、あるいは惚れ込みやすい性分だということだろう。大学を出てすぐに母親と一緒にギリシャ、イタリアを旅行し、とりわけイタリアに感激し、『天使も踏むを恐れるところ』と『眺めのいい部屋』が生まれ、三十三歳のときにはじめて触れたインドの霊は『インドへの道』を書かしめた。そしてアレクサンドリアの霊に触れたのは三十六歳のときである。フォースターはケンブリッジ大学キングズ・コレッジではじめは古典語を専攻したが、のちに歴史に転じている。歴史はズブの素人ではないわけで、アレクサンドリアの霊はフォースターの創作意欲ではなく、歴史趣味を刺激したというわけである。

なるほど、この一見平凡な歴史の概説書から、われわれが吹き込まれるアレクサンドリアへの憧れは、じつはフォースターが魅せられた「土地の霊」が乗り移ったものだと知れば、すべて合点のいく話である。

なお、フォースターのアレクサンドリア物にはもうひとつ『ファロスとファリロン』（一九二三年）がある。

本書は、E. M. Forster : *Alexandria : A History and a Guide* (1922) の第一部「歴史」を訳出したものである。第二部『案内』は、一九二〇年前後つまり半世紀以上も前の市の観光案内であり、そもそもが読むだけのために書かれたものではないうえに、そのままではすでに実用にも供しがたいゆえ、（古い時刻表や古い旅行案内書を愛読する特殊な趣味をお持ちの方々には申し訳ないが）訳出を取りやめた。テキストは一九六一年のアンカー社版を用い、一九八六年のオックスフォード版を参照した。部分訳のために生ずる不都合を調整するため、若干原文に手を加えた箇所があることをお断わりしておく。また、たとえば有名なクレオパトラ七世が、原文では六世となっているなど、明らかに今日の定説と違っているものについては、訳注も煩わしいので訳者の独断で訂正した。プトレマイオス家の系図も同様の理由から、新しい研究成果を踏まえたものと差しかえた。これについてはオックスフォード版の注と、柘植一雄氏作成の系図（学生社刊『オリエント史講座3』所収）に全面的にお世話になった。

引用文の訳出にあたっては、以下の翻訳ならびに著作のお世話になった。ただし、フォースターの引用はすべて英訳のため、多少の異同があり、適宜訳文に手を加えたことをお断わりしておく。『聖書の世界・別巻1・知恵と黙示』（関根正雄他訳、講談社）、『プロティノス全集1』（水地宗明他訳、中央公論社）、『プルターク英雄伝十一』（河野與一訳、岩波文庫）、『聖書外典偽典6』（川村輝典他訳、教文館）、藤代泰三『キリスト教史』（YMCA出版）。

最後に、本書の翻訳を勧めてくださった東京都立大学人文学部の小池滋先生、アラビア語の地名表記等でご教示をいただいた東京外国語大学アラビア科の奴田原睦明先生、そして編集を担当してくださった晶文社の島崎勉氏に心からお礼を申しあげます。

それから大事なことを忘れていた。小著の翻訳ながら、扱われている分野が多岐にわたるため、参考図書をすべて購入するわけにもいかず、アレクサンドリア大図書館のはるかなる末裔と言えなくもない現代のあちこちの図書館に、すっかりお世話になった。このたびほど、大学ならびに町の図書館のありがたみを痛感したことはない。

心からお礼を申しあげます。

追記。一九八八年に本書の晶文社版が刊行されたあと、一九九三年から九六年にかけて、『E・M・フォースター著作集全12巻、別巻1』(みすず書房)が刊行され、フォースターの仕事の全容を見渡せることになった。もうひとつのアレクサンドリア物『ファロスとファリロン』は作家の池澤夏樹氏が担当している。

本書の文庫化を勧めてくださった和光大学名誉教授前田耕作先生、ちくま学芸文庫編集長町田さおりさん、編集担当の藤岡泰介さんに心からお礼を申し上げます。

二〇一〇年八月二十一日

中野康司

解説　追憶・混沌の小宇宙アレクサンドリアへ

前田耕作

名所観光と銘打った旅はどこかつまらない。カイロからアレクサンドリアまでナイルの川筋を離れて高速道路を突っ走ったとてなにが変わるというのであろうか。ゆりデルタの西端を北へと流れ下る支流カノポスに沿って、緑の農地の中に消え去った古蹟を求める迂余の旅路の方が遥かに味わいがある。

カノポスとは、トロイア攻めからの帰国の途上、戦いの血を浴びた罪により海に漂わねばならなかったメネラオスたちの船の舵を握った名手カノポスの名であった。彼もまた定められた運命（モイラ）を逃れることはできず、ナイルの河口で命を終えたのである。カノポスをエジプトの神とする説もあるが、舵手カノポスの逸話の方が遥かにこころを打つ。

アレクサンドロスはナイル東端の分流ペルシオンを遡って下エジプトの王都メンピ

スに至ったあと、ついで西端の分流カノポスを下ったと、アッリアノスは『アレクサンドロス大王東征記』に記している。その途次のことについてはなにも語られていないが、カノポス流域の古都サイスと、ギリシア人の古くからの植民都市で、エジプトが最初に公認した交易都市ナウクラティスを見逃すはずはない。ヘロドトスの『歴史』の記事を通じて、アレクサンドロスはこの二つの下エジプトの枢要な都市に深い関心を抱いていたと思われる。

エジプトの国民的大祭が行われる町サイス、ご神体を奉じて練り歩き、参詣のために行列をつくるという風習を創始したサイスには、アテナ女神と同一視されたエジプトの戦いの女神ネイトの神殿があり、オシリスの墓地、中を空ろにした木製の牛に金箔を貼り、その中に娘の遺骸を納めたというミュケリノスの王宮、ペルシアのカンビュセスと激しく対立して殺されたアマシス王の墓もまたここにあったという。アマシスはもともとサイスの生まれであったとヘロドトスは伝えている。いまは見る影もないみすぼらしい廃墟に過ぎないが、旅する者には、象形文字《ヒエログリフ》を刻んだ彫像の僅かな断片があり、オシリスが投げ込まれたと語り継がれている池の面影さえ偲ぶことができれば、十分である。いまイスラームの聖者廟になっている高みが、きっとアクロポリスで、ヘロドトスが伝えるアテナ（ネイト）女神の神殿があったところなのであろう。オシリスの秘儀がおこなわれたという池は、僅かに水を湛えてはいるが、塵芥に汚れた溜め池と化している。そして当然のことだが、人びとはオシリスのことなど誰も知らない。

ナウクラティスはもっと哀れである。土地の警察が道案内を買って出てくれたが、いくつも橋を渡り、小さな村々をつぎつぎと通り抜けても、見つからない。右往左往しながらようやく辿り着いた村は寒村であった。思わぬ訪問者に驚き集まってきた人びとの中から杖をついた一人の大柄の老人が進み出て、丁重に出迎えてくれた。ここが歴史に名高いナウクラティスかと思わず聞くと、ごみ捨て場のような小さい土丘を指さしてここがそうだという。たまらず駆け上がってみた。土を採られて東の端が欠けたなんの変哲もないただの土丘である。老人はゆっくりと前に歩き、杖でさして、ここを見よ、という。新たに積みかえられた石があったが、石自体は古く、かつては土丘の基礎の部分に使われていたものと思われる。老人によれば、かつてこのあたりにはいくつもこうした土丘があったが、いまはみな崩され農地になってしまっていて、残るのはここだけだという。そして一九世紀の終わり頃、ピートリによって発掘されたことがあるとぼそりと漏らした。あのイギリスのエジプト考古学者として名高いフリンダース・ピートリのことか、と念を押して聞くと、そうだという。記憶が歴史に奔転する瞬間である。

ナウクラティスはアマシスによってギリシア人の渡来者が居住を許されたエジプト唯一つの開港市で、大いに栄え妖艶な遊女も多かったとヘロドトスは伝え、最初の入植者はミレトス人であったとストラボンは『地理誌』に記している。アレクサンドロスが、カノポスの西に「自分の名のつく大きな入り口の多いギリシア風の町」(プルータルコス)を建設して残そうと思い立ったのも、ナウクラティスの繁栄を目の当たりにしたからであろう。ギリシアの諸都市が共同で建設し、多くのギリシア人が参詣に押しかけたという神域ヘレニオン(ギリシア神社)はどのあたりにあったのであろうか。プトレマイオス二世が建設したというアンモンの神殿もあったというが偲ぶよすがもない。追憶のみがかろうじて繋ぎ留める町だ。

川の流れに沿ってこのまま下ればいわゆる「カノポスの腕」の先、河口に至る。それはアレクサンドロスが辿った道である。途中、運河に沿って棗椰子が群生する地を抜けて西に向かえばアレクサンドリアはもうすぐそこにある。一九一一年にウォーリス・バッジによって書かれたトーマス・クックの『エジプト・スーダン旅行案内』が綿密な記述と詳細な地図とともに正確に目的地まで導いてくれるだろう。

一九一五年晩秋、メソポタミアは騒然としており、T・E・ローレンスらが決起の機会をうかがっていたころ、E・M・フォースターは国際赤十字に勤務するため、カーキ色の士官服を着てアレクサドリアへやってきた。戦時の厳しい状況にあったロンドンに比べれば、トルコ軍侵攻の怖れはあったもののアレクサンドリアの日々は、フォースターにとっては「幸福な歳月」であったといえよう。フォースターは暇を見つけては案内書《ガイドブック》を片手にアレクサンドリアの町々を歩き回ったと思われる。もっぱら携えたのは名高いドイツの旅行案内ベデカーであったという。象形文字の読解まで付した、当時としてはもっとも優れた案内記であったバッジの書に言及していないのは怪訝《けげん》である。フォースターもかならず目を通したに違いないのだが。あるいはイギリスの博物館のためとはいえ、エジプトの古物を買い漁ったバッジが好きでなかったのかもしれない。

フォースターは一九一九年の初めまでアレクサンドリアに滞在し、『アレクサンドリア　歴史と案内』を書き上げたが、初版の公刊は一九二二年であった。トゥタンカーモンの王墓発見の年である。

一九二八年、アレクサンドリアを訪れた濱田青陵（耕作）は「図書館の址はどこに尋ぬべき由もない。元来低平なるデルタの端にある此の市は、最も健康地であるにせよ、私共旅人には何等の感興を湧かしめない」と書いている（『青陵随筆』）。フォースターの珠玉のこの一冊『アレクサンドリア』を携えていたら、精神の記念碑としてのアレクサンドリアの盛衰に思いを馳せて埃も喧噪も楽しみに変え、通りから通りへと歩き回ったことだろう。古町《ふるまち》の界隈には消し去ることのできない面影と匂いが漂っているものだ。

きみがほしいものが他のものでも、覚えておいて損はない、我が市《まち》アレクサンドリアは最大の模範、ギリシア世界の女王、あらゆる知識と芸術の最高の叡知だとな。

（「プトレマイオス家の栄光」、一九一一年作、中井久夫訳『カヴァフィス全詩集』より）

そもそもアレクサンドリアの建設は、アレクサンドロスが正月（前三三一年）に見た夢に始まった。プルータルコスが伝える逸話（『対比列伝』）だ。

「夜眠っていると不思議な夢を見た。髪の毛が真っ白で姿も堂々とした老人が、自分のそばに立ってこういう詩の句を吟ずるのだ。「ナイルの河口、エジプトのすぐ前、大波が絶えず轟く海原の中に島あり、人びとはそれをパロス（ファロス）と呼んでいる」と」。師アリストテレスに学んだ『オデュッセイア』の一節（第四巻・三五四）である。

夢から覚めたアレクサンドロスは「すぐに起き上がってパロスへいった。そこはその頃まだ島で、カノポスの河口より少し上手にあったが、いまは堆積した土砂のため陸地に繋がっている。広い入り江と大きな港に終わる海とを抱えているため、優れた地勢だとみたアレクサンドロスは、ホメロスはいろいろな点で感嘆すべき詩人であるが、建築家としても非常に優秀だといって、その場所に似合う都市のプランの製図を命じた」という。設計を命じられたのは、ロードス島出身のディノクラテスで、行政を託されたのはナウクラティス出身のクレオメネスであった。

アレクサンドロスは、自分の夢を託したアフリカ・アジア・地中海世界を繋ぐ新世界（ミクロコスモス）の首都をふたたび見ることはなかった。この未来世界の統一者（コスモクラトール）にふさわしい神託をうるため、シワのオアシスにアンモンの神を尋ねてすぐに旅立ったからだ。ただ一度だけ、少年時代からの親しき友ヘーパイスティオンをバビュロンへの凱旋の途上でうしなったとき、ふと初夢の島を墓廟にと想い巡らしたことがあったという。

前三二三年六月、アレクサンドロスがバビュロンに没したとき、ラゴスの子プトレマイオスは自らをエジプトの太守に任じ、バビュロンを去ってアレクサンドリアへ赴いた。アレクサンドロスの記憶の上にもう一つの壮大なひそかな夢をアレクサンドリアに重ねるために。このときアリストテレスもまた学園リュケイオンをテオプラトスに譲ってアテナイを去った。

アレクサンドロス亡きあと、アレクサンドロスの遺骸を奪い、新しい首都の象徴として迎え入れたプトレマイオスは、四十年にも及ぶ「後継者戦争《ディアドコイ》」をも勝ち抜いて王朝の地固めを終えると、アレクサンドロスの遺志を実現すべく、地中海に向かって開かれた新世界の建設に取りかかった。プトレマイオスの構想は周到かつ徹底した未来志向であった。まずアブデラのヘカタイオスを招き、「エジプト史」を書かせ、ついでプトレマイオス自身バビュロンで知ったと思われるコロポンのディノンの子クレイタルコスがアレクサドロスの伝記を書こうとしていることを知るや、アレクサンドリアに招き入れた。新旧この二つの歴史の上に新世界を築こうとしたのである。そしてテオプラトスの弟子デメトリオスをアテナイから迎えて新旧両世界のあらゆる知を結集する学園ムセイオンの創設を依頼し、エペソス出身のゼノドトスを招き普遍的な知を保存する図書館の新設を任せ、同時に未来のプトレマイオス（二世）の家庭教師にも任じた。アビ・ヴァールブルグが羨望したこの知的世界の建設が、新しいヘレニズム文化になにをもたらしたのか、現代にどんな知的遺産をもたらしたのか、もう一度改めて想い巡らすときである。

ここから先はフォースター『アレクサンドリア』（および『ファロスとファリロン』）に案内を乞いながら省みるのが一番である。さらにその後で、アレクサンドリアに旅し、自らの夢想を重ねれば、アラブの港町エル・イスカンダリアの散文的な町並みもまた楽しである。カイト・ベイ要塞の岸壁に激しく打ち寄せては砕け散る白銀の波しぶきを目にするだけで、地中海世界に名を馳せたファロスの灯台を想うことができる。須賀敦子がいうように「花は一輪もなかった」（「荒れ野に咲く花」『E・M・フォースター著作集』二巻月報）としても、フォースターとともにならばアレクサンドリアの路傍のあちこちに記憶の花々を見いだすことができよう。

本書は「双書・20世紀紀行」の一冊として一九八八年十二月十日、晶文社より刊行された。

ムッソリーニ　ロマノ・ヴルピッタ

統一国家となって以来、イタリア人が経験した激動の歴史。その象徴ともいうべき指導者の実像とは。既成のイメージを刷新する画期的ムッソリーニ伝。

資本主義と奴隷制　エリック・ウィリアムズ　中山毅訳

産業革命は勤勉と禁欲と合理主義の精神などではなく、黒人奴隷の血と汗がもたらしたことを告発した歴史的名著。待望の文庫化。（川北稔）

中華人民共和国史十五講　王丹　加藤敬事訳

八九年天安門事件の学生リーダー王丹。逮捕・収監後、亡命先で母国の歴史を学び直し、敗者たちの透徹した認識を復元する、鎮魂の共和国六〇年史。

増補　中国「反日」の源流　岡本隆司

「愛国」が「反日」と結びつく中国。この心情は何に由来するのか。近代史の大家が20世紀の日中関係を解き、中国の論理を描き切る。（五百旗頭薫）

世界システム論講義　川北稔

近代の世界史を有機的な展開過程として捉える見方、それが〈世界システム論〉にほかならない。第一人者が豊富なトピックとともにこの理論を解説する。

インド文化入門　辛島昇

異なる宗教・言語・文化が多様なまま統一された稀有な国インド。なぜ多様性は排除されなかったのか。共存の思想をインドの歴史に学ぶ。（竹中千春）

中国の歴史　岸本美緒

中国とは何か。独特の道筋をたどった中国社会の変遷を、東アジアとの関係に留意して解説。初期王朝から現代に至る通史を簡明かつダイナミックに描く。

大都会の誕生　喜安朗　川北稔

都市型の生活様式は、歴史的にどのように形成されてきたのか。この魅力的な問いに、碩学がふたつの都市の豊富な事例をふまえて重層的に描写する。

共産主義黒書〈ソ連篇〉　ステファヌ・クルトワ／ニコラ・ヴェルト　外川継男訳

史上初の共産主義国家〈ソ連〉は、大量殺人・テロル・強制収容所を統治形態にまで高めた。レーニン以来行われてきた犯罪を赤裸々に暴いた衝撃の書。

共産主義黒書〈アジア篇〉
ステファヌ・クルトワ／ジャン＝ルイ・マルゴラン
高橋武智訳

アジアの共産主義国家は抑圧政策においてソ連以上の悲惨を生んだ。中国、北朝鮮、カンボジアなどでの実態は我々に歴史の重さを突き付けてやまない。

ヨーロッパの帝国主義
アルフレッド・W・クロスビー
佐々木昭夫訳

15世紀末の新大陸発見以降、ヨーロッパ人はなぜ次々と植民地を獲得できたのか。病気や動植物に着目して帝国主義の謎を解き明かす。（川北稔）

民のモラル
近藤和彦

統治者といえど時代の約束事に従わざるをえなかった18世紀イギリス。新聞記事や裁判記録、ホーガースの風刺画などから騒擾と制裁の歴史をひもとく。

台湾総督府
黄昭堂

清朝中国から台湾を割譲させた日本は、新たな統治機関として台北に台湾総督府を組織した。抵抗と抑圧と建設。植民地統治の実態を追う。（檜山幸夫）

増補 大衆宣伝の神話
佐藤卓己

祝祭、漫画、シンボル、デモなど政治の視覚化は大衆の感情をどのように動員したか。ヒトラーが学んだプロパガンダを読み解く「メディア史」の出発点。

ユダヤ人の起源
シュロモー・サンド
高橋武智監訳
佐々木康之／木村高子訳

〈ユダヤ人〉はいかなる経緯をもって成立したのか。歴史記述の精緻な検証によって実像に迫り、そのアイデンティティを根本から問う画期的試論。

中国史談集
澤田瑞穂

皇帝、彫青、男色、刑罰、宗教結社など中国裏面史を彩った人物や事件を中国文学の碩学が独自の視点で解き明かす。怪力乱「神」をあえて語る！（堀誠）

ヨーロッパとイスラーム世界
R・W・サザン
鈴木利章訳

〈無知〉から〈洞察〉へ。キリスト教文明とイスラーム文明との関係を西洋中世にまで遡って考察し、読者に歴史的見通しを与える名講義。（山本芳久）

図説 探検地図の歴史
R・A・スケルトン
増田義郎／信岡奈生訳

世界はいかに〈発見〉されていったか。人類の知が全地球を覆っていく地理的発見の歴史を、時代ごとの地図に沿って描き出す。貴重図版二〇〇点以上。

同時代史　タキトゥス　國原吉之助訳

古代ローマの暴帝ネロ自殺のあと内乱が勃発。絡みあう人間ドラマ、陰謀、凄まじい政争を、臨場感あふれる鮮やかな描写で展開した大古典。（本村凌二）

明の太祖　朱元璋　檀上寛

貧農から皇帝に上り詰め、巨大な専制国家の樹立に成功した朱元璋。十四世紀の中国の社会状況を読み解きながら、元璋を皇帝に導いたカギを探る。

歴史（上・下）　トゥキュディデス　小西晴雄訳

野望、虚栄、裏切り——古代ギリシアを殺戮の嵐に陥れたペロポネソス戦争とは何だったのか。その全貌を克明に記した、人類最古の本格的「歴史書」。

日本陸軍と中国　戸部良一

中国スペシャリストとして活躍し、日中提携を夢見た男たち。なぜ彼らが、泥沼の戦争へと日本を導くことになったのか。真相を追う。（五百旗頭真）

カニバリズム論　中野美代子

根源的タブーの人肉嗜食や纏足、宦官……。目を背けたくなるものを冷静に論ずることで逆説的に人間の真実に迫る血の滴る異色の人間史。（山田仁史）

帝国の陰謀　蓮實重彦

一組の義兄弟による陰謀から生まれたフランス第二帝政。「私生児」の義弟が遺した二つのテクストを読解し、近代的現象の本質に迫る。（入江哲朗）

交易の世界史（上）　ウィリアム・バーンスタイン　鬼澤忍訳

絹、スパイス、砂糖……。新奇なもの、希少なものへの欲望が世界を動かし、文明の興亡を左右してきた。数千年にもわたる交易の歴史を一望する試み。

交易の世界史（下）　ウィリアム・バーンスタイン　鬼澤忍訳

交易は人類そのものを映し出す鏡である。圧倒的な繁栄をもたらし、同時に数多の軋轢と衝突を引き起こしてきたその歴史を圧巻のスケールで描き出す。

フランス革命の政治文化　リン・ハント　松浦義弘訳

フランス革命固有の成果は、レトリックやシンボルによる政治言語と文化の創造であった。政治文化とそれを生み出した人々の社会的出自を考察する。

世界市場の形成　松井透

世界システム論のウォーラーステイン、グローバルヒストリーのポメランツに先んじて、各世界が接続される過程を描いた歴史的名著を文庫化。（秋田茂）

甘さと権力　シドニー・W・ミンツ　川北稔／和田光弘訳

砂糖は産業革命の原動力となり、その甘さは人々のアイデンティティや社会構造をも変えていった。モノから見る世界史の名著をついに文庫化。（川北稔）

オリンピア　村川堅太郎

古代ギリシア世界最大の競技祭とはいかなるものであったのか。遺跡の概要から競技精神の盛衰まで、綿密な考証と卓抜な筆致で迫った名著。（橋場弦）

アレクサンドロスとオリュンピアス　森谷公俊

彼女は怪しい密儀に没頭し、残忍に邪魔者を殺す悪女なのか、息子を陰で支え続けた賢母なのか。大王母の激動の生涯を追う。（澤田典子）

古代地中海世界の歴史　本村凌二　中村るい

メソポタミア、エジプト、ギリシア、ローマ——古代に花開き、密接な交流や抗争をくり広げた文明を一望に見渡し、歴史の躍動を大きくつかむ！

大衆の国民化　ジョージ・L・モッセ　佐藤卓己／佐藤八寿子訳

ナチズムを国民主義の極致ととらえ、フランス革命以降の国民主義の展開を大衆的儀礼やシンボルから考察した、ファシズム研究の橋頭堡。（板橋拓己）

増補 十字軍の思想　山内進

欧米社会にいまなお色濃く影を落とす「十字軍」の思想。人々を聖なる戦争へと駆り立てるものとは？その歴史を辿り、キリスト教世界の深層に迫る。

子どもたちに語るヨーロッパ史　ジャック・ル・ゴフ　前田耕作監訳　川崎万里訳

歴史学の泰斗が若い人に贈る、とびきりの入門書。地理的要件や歴史、とくに中世史を、たくさんのエピソードとともに語った魅力あふれる一冊。

中東全史　バーナード・ルイス　白須英子訳

キリスト教の勃興から20世紀末まで。中東学の世界的権威が、中東全域における二千年の歴史を一般読者に向けて書いた、イスラーム通史の決定版。

隊商都市　ミカエル・ロストフツェフ　青柳正規訳

通商交易で繁栄した古代オリエント都市のペトラ、パルミュラなどの遺跡に立ち、往時に思いを馳せたロマン溢れる歴史紀行の古典的名著。（前田耕作）

法然の衝撃　阿満利麿

法然こそ日本仏教を代表する巨人であり、ラディカルな革命家だった。鎮魂慰霊を超えて救済の原理を指し示した思想の本質に迫る。

親鸞・普遍への道　阿満利麿

絶対他力の思想はなぜ、どのように誕生したのか。日本の精神風土と切り結びつつ普遍的救済への回路を開いた親鸞の思想の本質に迫る。（西谷修）

歎異抄　阿満利麿訳／注／解説

没後七五〇年を経てなお私たちの心を捉える、親鸞の言葉。わかりやすい注と現代語訳、今どう読んだらよいか道標を示す懇切な解説付きの決定版。

親鸞からの手紙　阿満利麿

現存する親鸞の手紙全42通を年月順に編纂し、現代語訳と解説で構成。これにより、親鸞の人間的苦悩と宗教的深化が、鮮明に現代に立ち現れる。

行動する仏教　阿満利麿

戦争、貧富の差、放射能の恐怖……。このどうしようもない世の中でも、絶望せずに生きてゆける、21世紀にふさわしい新たな仏教の提案。

無量寿経　阿満利麿注解

なぜ阿弥陀仏の名を称えるだけで救われるのか。法然や親鸞がその理解に心血を注いだ経典の本質を、懇切丁寧に説き明かす。文庫オリジナル。

道元禅師の『典座教訓』を読む　秋月龍珉

「食」における禅の心とはなにか。道元が禅寺の食事係である典座の心構えを説いた一書を現代人の日常の視点で読み解き、禅の核心に迫る。（竹村牧男）

原典訳 アヴェスター　伊藤義教訳

ゾロアスター教の聖典『アヴェスター』から最重要部分を精選。原典から訳出した唯一の邦訳である。（前田耕作）

書き換えられた聖書
バート・D・アーマン
松田和也 訳
キリスト教の正典、新約聖書。聖書研究の大家がそこに含まれる数々の改竄・誤謬を指摘し、書き換えられた背景とその原初の姿に迫る。（筒井賢治）

カトリックの信仰
岩下壮一
神の知恵への人間の参与とは何か。近代日本カトリシズムの指導者・岩下壮一が公教要理を詳説し、キリスト教の精髄を明かした名著。（稲垣良典）

十牛図
上田閑照
柳田聖山
禅の古典「十牛図」を手引きに、自己と他、自然と人間、自身への関わりを通し、真の自己への道を探る。現代語訳と詳注を併録。（西村惠信）

原典訳 ウパニシャッド
岩本裕 編訳
インド思想の根幹であり後の思想の源ともなったウパニシャッド。本書では主要篇を抜粋、梵我一如、輪廻・業・解脱の思想を浮き彫りにする。（立川武蔵）

世界宗教史（全8巻）
ミルチア・エリアーデ
宗教現象の史的展開を膨大な資料を博捜し著された人類の壮大な精神史。エリアーデの遺志にそって共同執筆された諸地域の宗教の巻を含む。

世界宗教史 1
ミルチア・エリアーデ
中村恭子 訳
人類の原初の宗教的営みに始まり、メソポタミア、古代エジプト、インダス川流域、ヒッタイト、地中海地域、初期イスラエルの諸宗教を収める。

世界宗教史 2
ミルチア・エリアーデ
松村一男 訳
20世紀最大の宗教学者のライフワーク。本巻はヴェーダの宗教、ゼウスとオリュンポスの神々、ディオニュソス信仰等を収める。（荒木美智雄）

世界宗教史 3
ミルチア・エリアーデ
島田裕巳 訳
仰韶、竜山文化から孔子、老子までの古代中国の宗教と、バラモン、ヒンドゥー、仏陀とその時代、オルフェウスの神話、ヘレニズム文化などを考察。

世界宗教史 4
ミルチア・エリアーデ
柴田史子 訳
ナーガールジュナまでの仏教の歴史とジャイナ教から、ヒンドゥー教の総合、ユダヤ教の試練、キリスト教の誕生などを収録。（島田裕巳）

世界宗教史5　ミルチア・エリアーデ　鶴岡賀雄訳

古代ユーラシア大陸の宗教、八—九世紀までのキリスト教、ムハンマドとイスラーム、イスラームと神秘主義、ハシディズムまでのユダヤ教など。

世界宗教史6　ミルチア・エリアーデ　鶴岡賀雄訳

中世後期から宗教改革前夜までのヨーロッパの宗教運動、宗教改革前後における宗教、魔術、ヘルメス主義の伝統、チベットの諸宗教を収録。

世界宗教史7　ミルチア・エリアーデ　奥山倫明／木塚隆志／深澤英隆訳

エリアーデ没後、同僚や弟子たちによって完成された最終巻の前半部。メソアメリカ、インドネシア、オセアニア、オーストラリアなどの宗教。

世界宗教史8　ミルチア・エリアーデ　奥山倫明／木塚隆志／深澤英隆訳

西・中央アフリカ、南・北アメリカの宗教、日本の神道と民俗宗教。啓蒙期以降ヨーロッパの宗教的創造性と世俗化などを収録。全8巻完結。

回教概論　大川周明

最高水準の知性を持つと言われたアジア主義者の力作。イスラム教の成立経緯や、経典などの要旨が的確に記された第一級の概論。（中村廣治郎）

神社の古代史　岡田精司

古代日本ではどのような神々が祀られていたのか。《祭祀の原像》を求めて、伊勢、宗像、住吉、鹿島など主要な神社の成り立ちや特徴を解説する。

中国禅宗史　小川隆

唐代から宋代において、禅の思想は大きく展開した。各種禅語録を思想史的な文脈に即して読みなおす試み。〈禅の語録〉全二〇巻の「総説」を文庫化。

原典訳 チベットの死者の書　川崎信定訳

死の瞬間から次の生までの間に魂が辿る四十九日の旅——中有（バルドゥ）のありさまを克明に描き、死者に正しい解脱の方向を示す指南の書。

インドの思想　川崎信定

多民族、多言語、多文化。これらを併存させるインドという国を作ってきた考え方とは。ヒンドゥー教や仏教等、主要な思想を案内する恰好の入門書。

ちくま学芸文庫

アレクサンドリア

二〇一〇年十一月十日　第一刷発行
二〇二一年七月二十日　第二刷発行

著　者　E・M・フォースター
訳　者　中野康司（なかの・こうじ）
発行者　喜入冬子
発行所　株式会社　筑摩書房
東京都台東区蔵前二―五―三　〒一一一―八七五五
電話番号　〇三―五六八七―二六〇一（代表）
装幀者　安野光雅
印刷所　明和印刷株式会社
製本所　株式会社積信堂

ISBN978-4-480-09336-3　C0122